Bibliografische Information der Deutschen Nationalbibliothek: Die Deutsche Nationalbibliothek verzeichnet diese Publikation in der Deutschen Nationalbibliografie; detaillierte bibliografische Daten sind im Internet über dnb.dnb.de abrufbar.

Impressum

© 2017 Norbert Neuser
Umschlagfoto © by SOLWODI
Korrektorat: Tamara Pirschalawa
Satz: Björn Andresen
Herstellung und Verlag: BoD – Books on Demand, Norderstedt

ISBN: 9783743191631

Die SPD-Abgeordneten – Fraktion der
Sozialdemokraten im Europäischen Parlament

Sport für Entwicklung und Frieden

Herausgegeben von Norbert Neuser

Vorwort von Gerhard Schröder
Mit Beiträgen von Norbert Neuser, Schwester Dr. Lea Ackermann, Dr. Christoph Beier, Ferhat Cato, Walter Desch, Malu Dreyer, Reinhard Grindel, Willi Lemke, Louis Michel, Neven Mimica, Dr. Gerd Müller, Torben Oberhellmann, Martin Schulz, Neven Subotic

2017

INHALT

Vorwort
Gerhard Schröder — 7

**Sport hat große Potenziale –
für eine bessere und effektivere Entwicklungszusammenarbeit**
Norbert Neuser — 9

**SOLWODIS Weg in Kenia:
Mit dem Fußball heraus aus Not und Elend**
Schwester Dr. Lea Ackermann — 17

**Sport als Instrument der Entwicklungszusammenarbeit –
Beispiele erfolgreicher Vorhaben der GIZ**
Dr. Christoph Beier — 23

**Fußball als Botschaft des Friedens und der Aussöhnung
Trainerlegende Rudi Gutendorf in Ruanda**
Ferhat Cato — 39

**Der Fußballverband Rheinland (FVR) und
seine Aktivitäten in Ruanda**
Walter Desch — 45

**Sport fördert die Partnerschaft
Rheinland-Pfalz und das Partnerland Ruanda –
Zusammenarbeit im Sport**
Malu Dreyer — 59

Der Deutsche Fußballbund (DFB) und sein Engagement in der Entwicklungszusammenarbeit
Reinhard Grindel 69

Sport als effektives Mittel zur Erreichung von Friedens- und Entwicklungszielen
Willi Lemke 77

Sport als Hebel für Entwicklung
Louis Michel 91

Der Sport in der europäischen Entwicklungspolitik
Neven Mimica 97

Die Rolle des Sports in der deutschen Entwicklungszusammenarbeit
Dr. Gerd Müller 103

skate-aid – Welten bewegen
Torben Oberhellmann 117

Sport in der Entwicklungszusammenarbeit
Martin Schulz 133

Sport hat großes Potenzial in der Entwicklungsarbeit
Neven Subotic 139

Die Autorinnen und Autoren *151*

VORWORT

von Gerhard Schröder

„Sport hat die Kraft, die Welt zu verändern. Er hat die Kraft, zu inspirieren. Er hat die Kraft, Menschen zu vereinen, wie es sonst nur weniges kann. Er spricht die Jugend in einer Sprache an, die sie versteht. Sport kann Hoffnung erwecken, wo vorher nur Verzweiflung war", sagte einst Nelson Mandela. Das gilt besonders auch in den Entwicklungsländern.

Besser kann man es nicht ausdrücken. Sport vermittelt Werte wie Fairness, Toleranz, Respekt und Disziplin. Er stärkt das Selbstwertgefühl und Selbstvertrauen und fördert die Bereitschaft, Verantwortung zu übernehmen.

Meine erste Erfahrung mit dem Sport, genauer gesagt mit dem Fußball, habe ich noch in guter Erinnerung. Die gesellschaftliche Anerkennung, die ich durch den Sport erfahren habe, hat mir Selbstbewusstsein für meinen Lebensweg gegeben. Auf dem Fußballplatz fand ich soziale Wertschätzung, die mir zunächst aufgrund meiner Herkunft verwehrt wurde. Insoweit kann ich sehr gut nachvollziehen, welche Bedeutung dem Sport beizumessen ist.

Man kann darüber hinaus aber auch noch weiter gehen und sagen, Sport hat die Kraft, die Welt zu verändern. Sport hat die Kraft, Menschen zu vereinen. Geschichtliche Beispiele dafür gibt es. Ich denke da beispielsweise an die damalige Situation in Südafrika. Der gesetzlich verankerte Rassismus der Apartheid trennte die Menschen. Das Land wurde dafür von der FIFA suspendiert bzw. für internationale Spiele ausgeschlossen. Menschen wie Nelson Mandela haben für das Ende der Apartheid gekämpft. Seit Jahren können Sportlerinnen und Sportler nun gemeinsam und unabhängig von ihrer Hautfarbe in einer Mannschaft spielen. Dies ist heute selbstverständlich.

In ihrer „Internationalen Charta für Leibeserziehung und Sport" hat die Organisation der Vereinten Nationen für Bildung, Wissenschaft und Kultur (UNESCO) in Artikel 1 Sport als „Grundrecht für jeden" beschrieben. Danach hat jeder Mensch ein Grundrecht auf Zugang zu Leibeserziehung und Sport, die für die volle Entfaltung seiner Persönlichkeit wesentlich sind. In vielen Ländern unserer Erde findet diese Regelung Anwendung. Aber in vielen Entwicklungsländern gehört Sport nicht zum Lehrplan oder es gibt keine qualifizierten Lehrerinnen und Lehrer, die Sport unterrichten können. Darüber hinaus können leider immer noch viel zu viele Kinder in den Entwicklungsländern im Grundschulalter überhaupt nicht zur Schule gehen.

Die Forderung der UNESCO, Sport als Grundrecht für jeden, muss alle verantwortlichen Staats- und Regierungschefs mahnen, dieses ambitionierte Ziel zu erreichen. Sport bewegt nicht nur, er bildet auch. Insoweit ist Sport auch ein wichtiger Beitrag, um die internationalen Ziele für nachhaltige Entwicklung zu erreichen.

Die Vereinten Nationen (UN) haben den 6. April als internationalen Tag des Sports ausgerufen. Am 6. April 1896 wurden die I. Olympischen Sommerspiele der Neuzeit in Athen eröffnet. Jährlich soll an diesem Tag der „Internationale Tag des Sports für Entwicklung und Frieden" sein. Die Vereinten Nationen stellen damit die Bedeutung des Sports für Entwicklung und Frieden klar heraus.

Ich danke dem Europaabgeordneten Norbert Neuser für die Initiative zu diesem Buch. Mein Dank gilt auch allen anderen Autoren. Die verschiedenen Buchbeiträge zu Bildung und Erziehung, zur Förderung von Mädchen und Frauen, Völkerverbindung und Völkerverständigung, gesellschaftlichen Entwicklung, Integration – und nicht zuletzt eine weltweite Begeisterung machen das riesige Potenzial sichtbar, das im Sport vorhanden ist.

Mit dem Sport erreichen wir unsere Jugendlichen und Kinder. Und wie sagte noch Willy Brandt über die Zukunft? „Der beste Weg, die Zukunft vorauszusagen, ist, sie zu gestalten." In diesem Sinne: Packen wir es an!

SPORT HAT GROSSE POTENZIALE – FÜR EINE BESSERE UND EFFEKTIVERE ENTWICKLUNGSZUSAMMENARBEIT

von Norbert Neuser

„Jeder Mensch hat ein Grundrecht auf Zugang zu Leibeserziehung und Sport, die für die volle Entfaltung seiner Persönlichkeit wesentlich sind. Die Freiheit, körperliche, geistige und moralische Kräfte durch Leibeserziehung und Sport zu entfalten, muss sowohl innerhalb des Bildungssystems, als auch in anderen Bereichen des sozialen Lebens gewährleistet sein." So hat bereits 1979 die UNESCO in ihrer „Internationalen Charta für Leibeserziehung und Sport" in Artikel 1 den Sport als „Grundrecht für jeden" festgehalten. Von daher genießt der Sport offiziell einen hohen gesellschaftlichen Stellenwert.

Es stellt sich die Frage nach der gesellschaftlichen Realität. Ist das Grundrecht auf Sport verwirklicht? Überall? Werden dem Sport tatsächlich diese Möglichkeiten geboten? Im Bereich des Sports haben wir weltweit weiterhin große Defizite. Chancen und Möglichkeiten, die der Sport bietet, haben wir sehr lange ungenutzt und Zufällen überlassen.

Sport hat große Potenziale, macht Freude. Sport fördert körperliche und seelische Gesundheit von Kindern, Jugendlichen und Erwachsenen bis ins hohe Alter. Sport vermittelt wichtige gesellschaftliche Werte wie Fairness, Toleranz, Respekt, Disziplin und soziales Engagement. Sport stärkt das Selbstwertgefühl und Selbstvertrauen und fördert die Bereitschaft, Verantwortung zu übernehmen, mit Niederlagen umzugehen, zu helfen, schwierige Lebenslagen zu meistern, Perspektiven für die eigene Zukunft zu entwickeln, es sind ungezählte Möglichkeiten.

Aber nicht nur für den Einzelnen, auch für die gesamte Gesellschaft gibt der Sport wichtige Impulse. Vereine und Sportorganisationen übernehmen wichtige Aufgaben in einer lebendigen Zivilgesellschaft. Orte, an denen Sport getrieben wird, sind neben wichtiger kultureller Infrastruktur zugleich Orte für Gemeinsamkeit, Austausch und Begegnung (Bundesministerium für wirtschaftliche Zusammenarbeit und Entwicklung 2016).

Erst langsam wird das enorme Potenzial, das der Sport bietet, als ein effektives Instrumentarium gerade auch in der Entwicklungszusammenarbeit erkannt.

Das gilt besonders auch deshalb, da die Demografie der Entwicklungsländer mit einer überaus jungen Bevölkerung – mehr als die Hälfte der Bewohner sind Kinder, Jugendliche und junge Erwachsene – diese besonderen Möglichkeiten und Herausforderungen nochmals unterstreicht.

Warum schreibe ich dieses Buch über Sport, Frieden und Entwicklung? Als Abgeordneter im Europäischen Parlament gehöre ich dem Ausschuss für Entwicklung seit 2009 an. Gemeinsam mit zahlreichen meiner Kolleginnen und Kollegen aus diesem Ausschuss fühle ich mich verpflichtet, für eine bessere und effektivere Entwicklungszusammenarbeit einzutreten und nicht nur die Probleme zu thematisieren, sondern basisorientierte Handlungsmöglichkeiten aufzuzeigen, die gerade der Sport bietet.

Als ehemaliger Sportlehrer mit 36 Jahren Berufserfahrung, aber auch als ein im Bereich des Fußballs über Jahrzehnte ehrenamtlich aktiver Spieler, Trainer und Funktionär, möchte ich mit diesem Buch einen Beitrag dazu leisten, Sport als eine noch immer deutlich unterschätzte Möglichkeit auf dem Weg zu einer besseren und erfolgreicheren Entwicklungszusammenarbeit stärker in das Bewusstsein von politisch Verantwortlichen und der Zivilgesellschaft zu bringen.

Meine Besuche in mehr als 20 afrikanischen Ländern, der Kontakt mit Nichtregierungsorganisationen ebenso wie mit Parlaments- und Regierungsmitgliedern von Äthiopien bis Kapverden, von Namibia bis Ruanda haben mir viele Einblicke und neue Ideen im Bereich Entwicklungszusammenarbeit durch Sport beschert. Ich habe zahlreiche erfolgreiche und Mut machende Beispiele kennenlernen dürfen und möchte dies gerne weitergeben, damit die mit diesem Buch anvisierten Ziele erreicht werden können.

Die integrative Kraft, die dem Sport innewohnt, ist Wesensmerkmal des Sports.

In meinen 23 Jahren als Schulleiter, davon 16 Jahre an einer Schule im sozialen Brennpunkt in meiner Heimatstadt Boppard, habe ich oftmals diese Stärke zur Integration erlebt.

Vielen Schülerinnen und Schülern mit Migrationshintergrund, vielen Flüchtlingskindern in der Zeit des Balkankrieges und vielen Kindern und Jugendlichen als Aussiedler aus der früheren Sowjetunion, ohne deutsche Sprachkenntnisse und mit anderem kulturellen Hintergrund, hat der Sport und besonders der Mannschaftssport enorm geholfen, selbstbewusst zu werden, Vertrauen zu entwickeln, Leistungsbereitschaft zu fördern, sich in unsere Gesellschaft zu integrieren und Freunde zu finden.

Es sind beeindruckende persönliche Erfahrungen, die ich gerne gemacht habe, weil ich beachtliche Erfolge miterleben durfte.

Bei der Auswahl der Autoren habe ich mich auf unterschiedliche Persönlichkeiten und Themen aus meinem politischen und gesellschaftlichen Umfeld konzentriert. Sie stehen mit ihren kompetenten Beiträgen exemplarisch für breite und vielfältige Möglichkeiten integrativer Projekte im Bereich des Sports.

Mit dem früheren Bundeskanzler Gerhard Schröder, dem langjährigen Präsidenten des Europäischen Parlamentes und derzeitigen Vorsitzenden der SPD Martin Schulz, dem Bundesminister für Entwicklungszusammenarbeit Dr. Gerd Müller und mit der Ministerpräsidentin des Landes Rheinland-Pfalz, Malu Dreyer, sind es Persönlichkeiten, die diese Philosophie über die Rolle des Sports in der Entwicklungszusammenarbeit gemeinsam unterstützen.

Von Gerhard Schröder ist bekannt, dass er in ärmlichen Verhältnissen aufwachsend in der Nachkriegszeit in dem kleinen Dorfverein TuS Talle als 18-jähriger Mittelstürmer aktiv war. Er erfuhr große soziale Anerkennung, weil er ein erfolgreicher Spieler war und immer sehr kämpferisch agierte. Gerhard Schröder war stolz, dass mit seinem Spitznamen „Acker" sein Reinhängen, sein volles Engagement im Fußballspiel, gewürdigt wurde.

Auch vom früheren Präsidenten des Europäischen Parlamentes und derzeitigen Vorsitzenden der SPD Martin Schulz weiß man, dass ihn Fußball als Mannschaftssport sehr geprägt hat. Seinen unbändigen Ehrgeiz verdankt er diesen Erfahrungen, war er doch, wie seine früheren Mitspieler erklären, kein Filigrantechniker, aber ein beinharter linker Verteidiger bei Rhenania 05 Würselen. Er war die Lokomotive, die alle anderen in der Mannschaft mitreißen konnte. Immer wieder soll er ihnen eingebläut haben, keine Angst vor großen Vereinen und vor großen Namen zu haben.

Entwicklungsminister Dr. Gerd Müller unterstreicht in seinem Beitrag, wie sehr sich die deutsche Entwicklungszusammenarbeit in den letzten Jahren verstärkt dem Sport als Instrumentarium bedient und so zu einem Schwerpunkt der deutschen Entwicklungspolitik geworden ist.

Das entwicklungspolitisch in Deutschland und darüber hinaus wohl einmalige Engagement des Bundeslandes Rheinland-Pfalz mit dem afrikanischen Partnerland Ruanda ist als Graswurzelpartnerschaft seit über drei Jahrzehnten erfolgreich, auch und gerade im Bereich des Sports. Ministerpräsidentin Malu Dreyer und der Präsident des Fußballverbandes Rheinland Walter Desch machen in ihren Beiträgen klar, wie bedeutsam die Unterstützung des Sports für eine funktionierende Graswurzelpartnerschaft ist.

Auf der Ebene des Fußballprofigeschäftes hat Willi Lemke jahrzehntelang als Manager des SV Werder Bremen gearbeitet und immer Sport und Politik miteinander verknüpft. Als Senator in Bremen für Bildung und Wissenschaft sowie für Inneres und Sport hat er später die rein politische Dimension des Sports kennengelernt. Seine Beauftragung 2008 durch den Generalsekretär der Vereinten Nationen Ban ki Moon als „UN-Sonderberater für Sport im Dienste von Frieden und Entwicklung" unterstreicht diesen Zusammenhang.

Rudi Gutendorf, 90-jährige internationale Trainerlegende aus meiner Heimatregion Koblenz im Rheinland, ist ein gelebtes Beispiel für die immense Integrationskraft und die versöhnungsstiftende Wirkung des Fußballs. Wie kein anderer Fußballtrainer der Welt ist er prädestiniert, als Zeuge für die Aussöhnung verfeindeter Volksgruppen zu stehen.

Umgekehrt will ich am Beispiel des Fußballprofis Neven Subotic verdeutlichen, dass auch der professionelle Sport enorme Möglichkeiten hat, seine herausragende Stellung in der Gesellschaft einzubringen.

Der mehrfache serbische Fußballnationalspieler Neven Subotic, zweifacher Deutscher Meister mit dem BVB Borussia Dortmund, nutzt seine Beliebtheit und seine Popularität in der von ihm gegründeten Stiftung, um konkrete Entwicklungsprojekte in Äthiopien zu realisieren.

Politische Absichtserklärungen sind das eine, die konkrete Umsetzung aber braucht Kreativität und ausdauerndes, persönliches Engagement, wie es beispielsweise der Fußballverband Rheinland verinnerlicht hat.

Das ehrenamtliche Engagement des Fußballverbandes Rheinland ist eingebettet in das entwicklungspolitische Engagement des Deutschen Fußballbundes DFB. Der DFB gehört mit mehr als 25.000 Vereinen mit annähernd 6,9 Mio. Mitgliedern zu den größten Nichtregierungsorganisationen in Deutschland. Sportpolitisch und finanziell ist die entwicklungspolitische Zusammenarbeit herausragend. In Kooperation mit den Bundesministerien für Entwicklungszusammenarbeit und für Auswärtige Angelegenheiten sind in diesem Sektor die Trainerausbildung und der Aufbau von Breitensportangeboten und von Sportinfrastruktur die Schwerpunkte.

Der DFB verfügt deswegen über umfangreiche internationale Erfahrungen und stellt sich auch neuen gesellschaftlichen Herausforderungen im Rahmen der globalen Fluchtbewegungen und bei der Linderung humanitärer Katastrophen gerade auch vor dem Hintergrund des Krieges in Syrien und im Irak.

In enger Abstimmung und Kooperation mit der GIZ, der Gesellschaft für internationale Zusammenarbeit, werden Projekte angegangen und umgesetzt.

Parallel zu den international beachteten und in der Weltöffentlichkeit aufmerksam verfolgten Großsportereignissen wie die Olympischen Spiele oder die Fußballweltmeisterschaften wird dieses Potenzial genutzt, um die entwicklungspolitischen Ziele ins Bewusstsein der Öffentlichkeit zu bringen. Konkret ist in Deutschland die GIZ bei der Implementierung der Projekte im Auftrag des Ministeriums für Entwicklungszusammenarbeit betraut, wie es der Beitrag der GIZ in diesem Buch zeigt.

Als Abgeordneter im Europäischen Parlament will ich natürlich auch die europäische Dimension von Sport in der Entwicklungszusammenarbeit beleuchten, immerhin ist die EU als Ganzes der weltweit größte Geldgeber.

Ein langjähriger Verfechter dieses Ansatzes ist der frühere EU-Kommissar für Entwicklungszusammenarbeit und humanitäre Hilfe, Louis Michel aus Belgien. Er weiß aus vielen Erfahrungen, wie Sport als Mittel der humanitären Hilfsmaßnahmen erfolgreich eingesetzt werden kann und dass Sport friedliche Beziehungen und Versöhnung zwischen kriegsführenden Parteien unterstützt.

Wie Sport als Element für nachhaltige Entwicklung wirken kann, macht der derzeitige EU-Kommissar für Entwicklung, Neven Mimica aus Kroatien, deutlich.

Die Verabschiedung der nachhaltigen Entwicklungsziele 2015 bis 2030 bietet riesige Möglichkeiten, dem Sport eine wachsende Bedeutung zu geben. Diese Chance muss bei der jetzt stattfindenden Implementierung der Ziele einer nachhaltigen Entwicklung (Sustainable Development Goals (SDGs)) genutzt und auf allen Ebenen verfolgt werden.

Neven Mimica und die EU-Kommission heben hervor, dass die Europäische Union die wesentliche Rolle des Sports anerkennt und der Sport zur integrativen Entwicklung und zum nachhaltigen Wachstum beiträgt.

EU-Programme zur Förderung der Jugend durch Kultur, Sport, Unterstützung der Zivilgesellschaften, öffentliche Kampagnen und Sportturniere, besonders durch die Beteiligung von Kindern und Frauen, erweitern die bisherigen Ansätze.

Bemerkenswert ist die Forderung von Neven Mimica an die Sport- und Sportunterhaltungsindustrie, mehr in die Unterstützung sozialer Aktivitäten zu investieren sowie Bildung, Lebenskompetenz und Gesundheit zu fördern.

Zwei konkrete Praxisbeispiele zeigen exemplarisch auf, welche enorme Wirkung der Sport sogar mit relativ überschaubaren finanziellen Mitteln entfalten kann.

Es sind Praxisbeispiele aus dem Bereich des organisierten Mannschaftssports (Frauenfußball in Kenia) und aus dem informellen, unorganisierten, mehr individuell betriebenen Sport (Skateboarden in Uganda).

Beide Projekte konnte ich kennenlernen. Zum einen ist es das weltweit aktive Netzwerk Skate Aid, das ich in Uganda besucht habe. Zum anderen zeigt das Frauenfußballprojekt der Frauenhilfsorganisation Solwodi in Kenia, dass über die entstandenen Frauenfußballzentren, den Schulbesuch und durch Schulbildung in Selbsthilfegruppen Aufklärungsarbeit geleistet wird. Dies geschieht im Bereich HIV-Vorbeugung, Verhütungsmöglichkeiten, Bekämpfung von Menschenhandel. Mädchen und Frauen werden befähigt, ihr Leben selbst in die Hand zu nehmen.

Ebenfalls auf Emanzipation und Stärkung der Individualität ausgerichtet sind die weltweiten Projekte von Skate Aid in vielen afrikanischen Ländern, aber auch in von Kriegen heimgesuchten Staaten wie Afghanistan, Syrien oder Palästina.

In Uganda konnte ich mich in einem Slumviertel von der ungeheuren Ausstrahlung des Skate Aid-Projektes überzeugen. Hunderte Kinder und Jugendliche treffen sich regelmäßig zum gemeinsamen Skaten und sind so erreichbar für dringend benötigte Bildungs- und Aufklärungsmaßnahmen.

Es sind nur zwei Beispiele aus unzähligen engagierten Projekten, die mich allesamt tief beeindruckt und mich bewogen haben, mithilfe dieses Buches meine Erfahrungen an eine interessierte und engagierte Leserschaft weiterzureichen.

Ich würde mir sehr wünschen, dass diese Projekte Anstoß zum konkreten Handeln im Bereich Sport in der Entwicklungszusammenarbeit sein könnten. Dies gilt für Entwicklungspolitiker, Sportfunktionäre und Sportbegeisterte sowie alle in der Entwicklungszusammenarbeit Engagierten.

SOLWODIS WEG IN KENIA: MIT DEM FUSSBALL HERAUS AUS NOT UND ELEND

von Schwester Dr. Lea Ackermann

2009 kommt die Fußballerin Doreen Nabwire aus Kenia nach Europa und erhält beim niederländischen Erstligisten FC Zwolle einen Vertrag. Doreen ist die erste Frau aus dem Fußball-Entwicklungsland Kenia, die den Sprung in eine europäische Liga schafft. Sie ist damit eine Vorzeigefußballerin in ihrem Land und Vorbild für viele junge Spielerinnen.

Drei Jahrzehnte zurück, ins Jahr 1985. Die Ordensschwester Lea Ackermann lebt und arbeitet in Afrika. Not und Elend, vor allem der

Frauen, entsetzen sie und werden zur Herausforderung ihres Lebens. In Mombasa gründet Schwester Lea die Menschenrechtsorganisation SOLWODI. Es geht um Solidarität mit Frauen in Not. Zwangsprostitution und Menschenhandel sind ihre Themen.

Und sie bleiben es bis heute. SOLWODI ist 2016 in Deutschland, Rumänien, Österreich, Ruanda und Kenia mit insgesamt 54 Beratungszentren präsent, alleine in Deutschland gibt es weitere 9 Schutz- und Fluchthäuser. Dr. Lea Ackermann ist mit höchsten Ehrungen und Würdigungen für ihre Arbeit bedacht worden, als unermüdliche Streiterin in einer schwierigen Welt.

Die wesentlichen Themen ihrer Arbeit sind geblieben. Es geht immer noch um Prostitution und den Schrecken, der sich damit verbindet. Und es geht um Handel mit Frauen und jetzt auch um die Integration von Flüchtlingen.

Dort, wo SOLWODI mit der Arbeit vor über 30 Jahren begann, konnte vielen Frauen geholfen werden. Sie fanden heraus aus der Elendsprostitution, sind erfolgreiche Kleinunternehmerinnen geworden, manche gar Ärztinnen oder Rechtsanwältinnen. Der Weg zurück in ein ganz normales Leben war in keinem Fall einfach.

Die Beratungsstellen von SOLWODI an der Küste Kenias und im Westen des Landes führen stets einen Kampf gegen schwierige Umstände: Frauen und Mädchen besuchen keine Schule, weil sie keine Gebühren zahlen können oder männliche Jugendliche bevorzugt werden. Auch werden viele Mädchen früh schwanger und brechen ihre Ausbildungen ab.

2010 beginnt SOLWODI mit dem Projekt SOLASA (SOLWODI Ladies Sports Association). Das Motto ist: „Verändere dein Leben durch Sport." Lea Ackermann ist nicht gerade das, was man einen Sportenthusiasten nennen kann. Aber sie war immer pragmatisch. In Deutschland hat sie gelernt, welche soziale und gesellschaftliche Kraft vom Volkssport Fußball ausgehen kann. Im Deutschen Fußballbund (DFB) und seinem damaligen Präsidenten Dr. Theo Zwanziger findet sie verlässliche Partner wie vor allem auch im Fußballverband Rheinland (FVR) und seinem Präsidenten Walter Desch.

Walter Desch hat an der Koblenzer Sportschule Trainerlehrgänge für ausländische Teilnehmerinnen und Teilnehmer installiert. Sie werden ein Riesenerfolg, vor allem auch für das SOLWODI-Projekt in Kenia. Jährlich werden Stipendien für den Trainerlehrgang in Deutschland vergeben. 14 junge Frauen nahmen bisher für SOLWODI daran teil und bestanden die

Prüfungen mit Erfolg. Zurück in ihrer Heimat sind sie die Eckpfeiler für das Fußballunternehmen SOLASA. Es entstehen Fußballzentren an der Küste und in anderen Teilen des Landes. Die Ziele beinhalten ein regelmäßiges Training, die Teilnahme an Turnieren, die Gründung von Selbsthilfegruppen und Aufklärungsarbeit, die über den Fußball hinausgeht und Themen wie HIV, Verhütungsmöglichkeiten, Menschenhandel sowie Rechte von Frauen und Mädchen umfasst. Der Erfolg ist gewaltig. Mehr als 1.500 Mädchen nahmen bisher am Angebot teil.

Das SOLWODI-Sportprojekt motiviert die Mädchen, ihr Leben wieder selbst in die Hand zu nehmen. Durch das regelmäßige Training lernen sie Pünktlichkeit, Teamgeist, Durchhaltevermögen und Disziplin. Bei Turnieren werden Teamgeist, Fair Play und Ehrgeiz großgeschrieben. Dies alles sind Voraussetzungen, die Mädchen dazu befähigen, an einem Bildungsprogramm teilzunehmen, um einen Schulabschluss nachzuholen oder mit einer Ausbildung zu beginnen.

Die Teilnahme am Fußballprojekt setzt voraus, dass die Mädchen und Frauen zu einem Schulbesuch oder einer Ausbildung bereit sind. SOLWODI unterstützt sie dabei. Die Art der Unterstützung hängt dabei von der Vorbildung und den Fähigkeiten der Teilnehmerinnen ab.

80 dieser Mädchen und Frauen spielen inzwischen in der ersten kenianischen Fußballliga der Frauen, 5 in der kenianischen Nationalmannschaft. 2015 betreute SOLWODI 57 Fußballteams mit mehr als 500 Spielerinnen.

Was SOLWODI mit bescheidenen Mitteln und nur geringer Unterstützung in Kenia in den vergangenen Jahren aufgebaut hat, ist bemerkenswert und von großem Wert für viele Mädchen und Frauen. Das Angebot spielt in Kenia inzwischen eine wichtige Rolle. Es wird wahrgenommen, weil die Erfolge erkennbar sind.

Da der Aufwand überschaubar und die Wirkung so gewaltig ist, gibt es längst parallel entstehende ähnliche Projekte. Das ist gut, weil es in diesem Land noch viel zu tun gibt, um jungen Frauen deutlich zu machen, dass es der schlechteste Weg ist, seinen Körper als Ware anzubieten. Den Körper über den sportlichen Wettbewerb zu fordern, ist dagegen die allerbeste Wahl.

SPORT ALS INSTRUMENT DER ENTWICKLUNGSZUSAMMENARBEIT – BEISPIELE ERFOLGREICHER VORHABEN DER GIZ[1]

von Dr. Christoph Beier

Sport – Anerkanntes Instrument zur Förderung von Entwicklung

Sport spielt im internationalen Kontext seit jeher eine große Rolle. Während man sich jedoch lange Zeit vor allem auf die Förderung und Entwicklung *von* Sport konzentrierte, rückte in den letzten 50 Jahren die Förderung von Entwicklung und Frieden *durch* Sport zunehmend in den Fokus[2]. Nach diesem Verständnis dient Sport als Instrument zur Erreichung entwicklungspolitischer Ziele. Mit der Ernennung des ersten Sonderbeauftragten der Vereinten Nationen für „Sport im Dienst von Entwicklung und Frieden" im Jahr 2001 fand die entwicklungsbezogene Wirkungskraft des Sports zum ersten Mal weltweite politische Anerkennung. Durch die Resolution 58/5 der Vereinten Nationen ist „Sport als Mittel der Förderung von Bildung, Gesundheit, Entwicklung und Frieden"[3] international und national etabliert und legitimiert. Auch die 2030-Agenda für Nachhaltige Entwicklung der Vereinten Nationen hebt die Bedeutung von Sport als Wegbereiter für nachhaltige Entwicklung hervor und betont seinen Beitrag zu Entwicklung, Frieden, Gesundheit, Bildung und sozialer Inklusion[4].

Weltweit existiert eine Vielzahl staatlicher, zivilgesellschaftlicher und privatwirtschaftlicher Organisationen, die Sport als Entwicklungsinstrument nutzen.[5] Grundlage ist dabei ein weites Sportverständnis: Sport im Sinne von „Sport für Entwicklung" umfasst alle Formen physischer Aktivität, die zu körperlichem und geistigem Wohlbefinden und sozialer

Interaktion führen.⁵ Dies impliziert neben populären Teamsportarten auch Tanz, Spiel und traditionelle Bewegungsformen.⁷

„Sport für Entwicklung" in der deutschen Entwicklungszusammenarbeit

Im Auftrag der Bundesregierung gestaltet die Deutsche Gesellschaft für Internationale Zusammenar-beit (GIZ) GmbH weltweit Entwicklungsprozesse. Das vielfältige Know-how des Bundesunternehmens GIZ wird rund um den Globus nachgefragt – von deutschen Ministerien, der Europäischen Union, den Vereinten Nationen und Regierungen anderer Länder. Ein Bestreben der GIZ ist es, innovative wirksame Lösungswege zur Förderung politischer, gesellschaftlicher und wirtschaftlicher Veränderungen anzubieten.

Die deutsche Entwicklungszusammenarbeit blickt auf mehr als drei Jahrzehnte Erfahrung im Einsatz von Sport in der internationalen Zusammenarbeit zurück. Sport gibt als Instrument und übergreifendes Thema in der Entwicklungszusammenarbeit Impulse für Veränderungen und nachhaltige Entwicklung – sowohl auf individueller als auch auf gesellschaftlicher Ebene. Aufgrund seiner vielfältigen und effektiven Einsetzbarkeit eignet sich Sport hervorragend als Werkzeug, um Vorhaben mit unterschiedlichen Schwerpunkten zu bereichern und wirksamer zu gestalten. In vielen der in der neuen 2030-Agenda für Nachhaltige Entwicklung verankerten Handlungsfelder, wie Bildung, Gesundheitsförderung, Gleichstellung der Geschlechter, Konfliktbewältigung oder gute Regierungsführung, ist die deutsche Entwicklungszusammenarbeit bereits durch „Sport für Entwicklung" aktiv. Im Folgenden werden ausgewählte Wirkungsfelder detaillierter dargestellt.

Bildung ist wesentlich für die Entwicklung eines jeden Menschen. Sport lehrt soziale Schlüsselkompetenzen und Werte, vermittelt Alltagsfähigkeiten und macht Bildungsthemen, wie zum Beispiel Kinderrechte oder Gesundheit, praktisch erfahrbar. Zahlreiche Studien belegen den positiven Zusammenhang zwischen physischer Aktivität und Lehrqualität sowie Lernerfolgen, zum Beispiel in den Bereichen Alphabetisierung und Rechenfertigkeit.⁸ Die Attraktivität des Sports bewirkt eine Verminderung der Anzahl von Schulabbrüchen und eine Erhöhung der Anwesenheitsraten. Außerdem werden Kinder und Jugendliche, die keine Schule besuchen, über sportpädagogische Angebote erreicht und wieder in das Bildungssystem eingegliedert. Durch Sport wird eine Vielzahl von lebens- und berufsrelevanten Fähigkeiten (sogenannte *life skills*) spielerisch erlernt.[9] Studien der Internationalen Arbeitsorganisation (ILO) belegen die Deckungsgleichheit von im Sport erworbenen und in der Berufswelt benötigten Kompetenzen.[10] Damit ist Sport nicht nur ein wichtiges Instrument der Grundbildung, sondern dient auch der beruflichen Bildung.

Frauen und Mädchen stellen einen großen Teil der weltweiten Bevölkerung. Ohne sie ist eine nachhaltige Entwicklung nicht möglich. Dennoch sind gerade sie oft von Entwicklungsprozessen ausgeschlossen. Deshalb fördert die deutsche Entwicklungszusammenarbeit **Geschlechtergerechtigkeit** in allen Bereichen. Studien belegen, dass Sport besonders bei Mädchen zur Persönlichkeits- und Selbstbewusstseinsentwicklung beiträgt, *life skills* vermittelt und so Eigenständigkeit, Bildungs- und Berufschancen fördert. Auch gendersensible Themen, wie zum Beispiel sexuelle und reproduktive Gesundheit, können durch Sport adressiert werden.[11] Über Sportangebote werden auch Jungen und Männer erreicht und zur kritischen Reflexion über traditionelle Rollenbilder oder HIV- und Aids-Prävention angeregt.[12]

Sportpädagogische Angebote ermöglichen zudem den Aufbau von sozialen Netzwerken und schaffen dadurch soziale Sicherungs- und Unterstützungssysteme. „Sport für Entwicklung" bietet Möglichkeiten für Mädchen und junge Frauen, Führungsrollen in ihrer Gemeinde wahrzunehmen und ihre Partizipation sichtbar zu machen.[13]

Im Kontext der aktuellen Krise im Nahen Osten und der daraus resultierenden **Flüchtlingsströme** übernimmt Sport eine besondere Rolle. Eingebunden in ein ganzheitliches Konzept, ermöglicht Sport Kindern und Jugendlichen in Fluchtkontexten, Traumata zu verarbeiten und neues Selbstbewusstsein zu erlangen. Spiel und Bewegung stärken ihr physisches und psychosoziales Wohlbefinden.[14] Regelmäßige Sportaktivitäten erleichtern es, in einen sicherheitsgebenden Alltag zurückzukehren, Vertrauen wiederherzustellen und Normalität aufzubauen. Dies kommt vor allem dann zum Tragen, wenn individuelle Betreuungsmaßnahmen fehlen. Richtig eingesetzt kann Sport in Post-Konflikt-Situationen Begegnung, Dialog und Versöhnung unterstützen sowie als Instrument zur Schulung gewaltfreier Konfliktlösungen genutzt werden.[15]

Welche Rolle eine Sportlehrerin in der persönlichen Entwicklung ihrer Schülerinnen spielen kann – dazu machten sich Teilnehmerinnen des Ausbildungsworkshops im Frühjahr 2015 Gedanken. Foto: GIZ/Oliver Becker

Sport ist jedoch kein Allheilmittel und wirkt nicht per se positiv. Erst der verantwortungsbewusste Umgang mit und der qualifizierte Einsatz von „Sport für Entwicklung" ermöglichen es, Menschen zu bewegen und Veränderungen anzustoßen. Die Etablierung des Ansatzes „Sport für Entwicklung" in der deutschen Entwicklungszusammenarbeit findet Ausdruck in Regional- und Sektorvorhaben sowie in der von Bundesminister Müller ins Leben gerufenen Initiative „Mehr Platz für Sport – 1.000 Chancen für Afrika". Diese Vorhaben ermöglichen es, bestehende Erfahrungen systematisch aufzubereiten, zu vertiefen und „Sport für Entwicklung" langfristig in die Zusammenarbeit mit den Partnern zu integrieren. Durch eine kontinuierliche wissenschaftliche Begleitung (realisiert durch die Deutsche Sporthochschule Köln und ICSSPE[16]) werden fundierte Kenntnisse über erfolgreiche Methoden für den Einsatz von Sport in der Entwicklungszusammenarbeit gewonnen und damit Kapazitäten und Strukturen nachhaltig gestärkt. Durch die Kooperation mit relevanten Akteuren können Erfahrungen und Know-how im Bereich „Sport für Entwicklung" besser gebündelt werden. Daher arbeitet die deutsche Entwicklungszusam-menarbeit eng mit Nichtregierungsorganisationen, Sportvereinen und -verbänden wie dem Deutschen Olympischen Sportbund (DOSB) oder dem Deutschen Fußball-Bund e. V. (DFB), politischen Ent-scheidungsträgern sowie internationalen Organisationen (z. B. UNOSDP[17]), der Wissenschaft und auch der Wirtschaft (u. a. im Rahmen der „Designed to Move"-Kampagne von Nike) zusammen. „Sport für Entwicklung" mobilisiert neue nationale und internationale Kooperationspartner für die deutsche Entwicklungszusammenarbeit.

Aus der Praxis – Beispiele erfolgreicher Vorhaben

Durch die vom Bundesministerium für wirtschaftliche Zusammenarbeit und Entwicklung (BMZ) geförderten Vorhaben werden Ansätze und Strategien zum Einsatz von „Sport für Entwicklung" erprobt, ausgewertet und systematisiert. Dazu führt die GIZ mit ihren Partnern vielfältige Maßnahmen zu unterschiedlichen Themen in Afrika, Asien und Lateinamerika durch. Primäre Zielgruppe der Vorhaben sind vor allem sozial benachteiligte Kinder und Jugendliche. Aufgrund seiner großen weltweiten Popularität und eines relativ geringen Materialaufwands ist Fußball die am häufigsten angewandte Sportart.[18] Die Umsetzung von „Sport für Entwicklung" realisiert die deutsche Entwicklungszusammenarbeit im Wesentlichen durch die Kapazitätsentwicklung und strukturbildende Maßnahmen sowie durch die Ausbildung und Qualifizierung sogenannter Multiplikatorinnen und Multiplikatoren. Gemeinsam mit erfahrenen lokalen und internationalen Partnern wird der Sport, angepasst an die Rahmenbedingungen und besonderen Bedürfnisse des jeweiligen Landes, als Instrument zur Förderung der im vorherigen Kapitel genannten thematischen Schwerpunkte eingesetzt. Im Folgenden werden exemplarisch aktuelle Vorhaben in Afghanistan, Brasilien, Namibia und Jordanien genauer dargestellt.

Afghanistan

In Afghanistan liegt ein besonderer Fokus auf der Förderung von Mädchen und jungen Frauen durch sportpädagogische Angebote in Schulen.

Sich gemeinsam bewegen – kein Alltag in Afghanistan. Bei einem Sportfestival begegnen sich afghanische Trainerinnen und Trainer auf Augenhöhe und setzen so ein Zeichen für Chancengerechtigkeit. Foto: GIZ/Safi Najmuddin

Während der Herrschaft der Taliban und des jahrzehntelangen Krieges war es der afghanischen Bevölkerung verboten, sportliche und kulturelle Aktivitäten auszuüben. Mädchen und Frauen wurde außerdem der Schulbesuch und damit eine berufliche Qualifizierung und Selbständigkeit verwehrt. Auch nach dem Machtverlust der Taliban im Jahr 2001 blieben Frauen weitestgehend vom öffentlichen Leben und von Sportangeboten ausgeschlossen. Noch immer steht Afghanistan auf Platz 171 von 188 des geschlechtsbezogenen Entwicklungsindex (GDI).[19] Schulen bieten als geschützter Raum eine der wenigen Möglichkeiten zu Sport, Spiel und Bewegung für Mädchen und junge Frauen. Die Verankerung von Schulsport für Mädchen in den Lehrplänen bedeutet für die Frauen in Afghanistan viel mehr als nur körperlichen und mentalen Ausgleich – es ist ein Schritt zu mehr Gleichberechtigung, zum Erwerb wichtiger Kompetenzen und damit auch zu mehr sozialer und beruflicher Autonomie.

Durch die bedarfsorientierte und nachhaltige Schulung von Sportlehrerinnen werden die Qualität und die Quantität des Schulsports an Mädchenschulen gesteigert. Ein gemeinsam mit Wissenschaftlerinnen, Vertretern des afghanischen Bildungsministeriums und Lehrerinnen entwickeltes Konzept zur Förderung sportpädagogischer Angebote an afghanischen Schulen wird an Mädchenschulen in den nördlichen Provinzen sowie in der Hauptstadt Kabul modellhaft umgesetzt. Bestandteil dieses Konzepts ist es, die persönliche und gesundheitliche Entwicklung der Schülerinnen zu fördern und ihr Selbstbewusstsein zu stärken. Die deutsche Entwicklungszusammenarbeit trägt so zu einem neuen selbstbestimmten Rollenbild junger Afghaninnen bei. Dabei werden lokale und Bewegungsspiele aus aller Welt genutzt und an die Gegebenheiten in den Schulen angepasst. In diversen Workshops wurden 2015 ausgewählte Multiplikatorinnen und Sportlehrerinnen von 20 Pilotschulen in Kabul und Masar-e Scharif ausgebildet. Diese tragen nun mittels Durchführung weiterer Fortbildungen aktiv zur Verbreitung des sportpädagogischen Konzepts bei.

Brasilien

Ziel in Brasilien ist die Förderung von Gewaltprävention und Bildung durch Fußball bei benachteilig-ten Jugendlichen.

Obwohl Brasilien als Schwellenland gilt, ist das Leben vieler junger Menschen in den sozialen Brennpunkten brasilianischer Großstädte von schlechten Beschäftigungsperspektiven, Kriminalität sowie Gewalterfahrungen geprägt. Aufgrund großer Qualitätsunterschiede zwischen öffentlichen und privaten Bildungseinrichtungen haben sozial benachteiligte Bevölkerungskreise zudem erheblich geringere Bildungs- und Aufstiegschancen.[20] Mit der Fußball-Weltmeisterschaft 2014 und den Olympischen und Paralympischen Spielen 2016 war Brasilien jüngst Austragungsort für drei der bedeutendsten internationalen Sportveranstaltungen, womit das Land im Fokus der Weltöffentlichkeit stand. Insbesondere dem Fußball kommt in

Brasilien ein hoher Stellenwert zu und die Sportart ist gerade bei Kindern und Jugendlichen – Mädchen wie Jungen – sehr beliebt. Über den Fußball kann eine breite Bevölkerungsgruppe erreicht und systematisch gefördert werden.

Anknüpfend an die positiven Erfahrungen eines vorherigen Projekts zielt das Vorhaben in Brasilien auf eine verstärkte Förderung qualifizierter Sportangebote und entwicklungspolitischer Bildungsarbeit ab. Durch die Verbesserung sportpädagogischer Methoden wird die Arbeit von Partnerorganisationen mit Kindern und Jugendlichen in den Bereichen Gesundheit, Bildung und Gewaltprävention unterstützt und weiterentwickelt. Die in Brasilien ausgetragenen Sportgroßveranstaltungen boten zudem einen geeigneten Rahmen, um gemeinsam mit Partnern wie dem DFB und dem DOSB die entwicklungspolitische Relevanz von Sport einer breiteren internationalen Öffentlichkeit vorzustellen.

Sport vermittelt Werte, fördert das Selbstbewusstsein und bietet eine Plattform für zivilgesellschaftliche Partizipation. Foto: GIZ/Stefan Oosthuizen

In Rio de Janeiro wurden gemeinsam mit der Nichtregierungsorganisation *Bola pra Frente* altersgerechte Trainingsmaterialien zur Integration von sozialen Kompetenzen in Sportangebote entwickelt (*Treino Social*). In vier Regionen Brasiliens wurden Frauen und Männer aus Nichtregierungsorganisationen, Schulen und Vereinen anhand der entwickelten Materialien ausgebildet. Das Sportministerium wird die Trainingsmaterialien nun landesweit einsetzen. In einem Süd-Süd-Austausch wurden zudem mosambikanische Sportstudenten und Trainer durch brasilianische Ausbilder anhand des *Treino Social* ausgebildet.

Während der Fußball-Weltmeisterschaft 2014 wurden an mehreren Spielorten des Landes Fußballcamps mit mehr als 2.000 Kindern und Jugendlichen durchgeführt, die durch speziell ausgebildete Trainerinnen und Trainer angeleitet wurden. Außerdem wurden im Rahmen einer Konferenz und eines Fanforums Themen wie die Nachhaltigkeit von Sportgroßveranstaltungen und sozialpädagogisch orientierte Fanarbeit erörtert.

Gemeinsam mit Nike konnten in sieben Pilotgemeinden sportliche Aktivitäten in die Unterrichtsfächer der Schulen integriert werden. So wurden neben der gesteigerten sportlichen Aktivität der beteiligten Kinder auch ihre Lernbereitschaft und Disziplin sowie ihre Motivation, in die Schule zu gehen, erhöht.

Namibia

Schwerpunkt in Namibia ist die Stärkung von Jugendlichen, insbesondere von Mädchen und jungen Frauen, durch Sport in Verbindung mit HIV- und Aids-Prävention.

Namibia gehört zu den Ländern mit der höchsten HIV-Rate weltweit. Besonders junge Frauen sind von Neuinfektionen betroffen.[21] HIV- und Aids-Beratungen und Testmöglichkeiten werden selten in Anspruch genommen. Es besteht ein Mangel an zielgruppenorientierten Präventionsmaßnahmen. Zudem sind Geschlechterungleichheit und fehlende Zukunftsperspektiven für junge Menschen ernst zu nehmende soziale Probleme in Namibia.

Besonders junge Menschen sollen durch Sport, in Namibia konkret durch Fußball und Basketball, zu einer gesünderen Lebensweise motiviert werden. Spezifische sportpädagogische Angebote tragen zur Aufklärungs- und Präventionsarbeit zu sensiblen Themen wie sexuelle und reproduktive

Gesundheit, HIV und Aids oder zu Geschlechtergerechtigkeit bei. Auch können über den Sport *life skills* erworben werden.

Mit lokalen Partnern wird ein sportpädagogisches Konzept entwikkelt, das Sportangebote für junge Frauen und Männer mit den genannten Themen verbindet. Neu entwickelte Evaluationsinstrumente zeigen einen Wissenszuwachs hinsichtlich HIV- und Aids-Prävention sowie sexueller und reproduktiver Gesundheit bei den Programmteilnehmerinnen. Das Konzept wird unter anderem in einem neu entstandenen Mädchensport- und Mädchenförderzentrum auf dem Gelände des Namibischen Fußballverbandes (NFA) umgesetzt. Ziel ist es, einen sicheren und geschützten Raum für Mädchen und junge Frauen zu schaffen. Um Sport und Gesundheit wirkungsvoll zu verbinden, werden die bestehenden Strukturen und Netzwerke des multisektoralen Programms zur HIV- und Aids-Bekämpfung der deutschen Entwicklungszusammenarbeit genutzt. Auch die Beratung der Frauenabteilung der NFA, insbesondere durch die Unterstützung des Mädchenförderungsprogramms „Galz & Goals", gehört zu den Aufgabenfeldern der deutschen Entwicklungszusammenarbeit. Unterstützt wird auch das Vorhaben „Free Throw – Basketball Artists Against HIV & AIDS" des DOSB zur Förderung von HIV- und Aids-Prävention und Schulbildung sowie die „Protect the Goal"-Kampagne von UNAIDS. Die globale Initiative zielt darauf ab, junge Menschen durch Fußball für gesundheitliche Gefahren zu sensibilisieren.

Neben Äthiopien, Kenia, Mosambik und Togo ist Namibia eines der Fokusländer der von Bundesminister Müller im Jahr 2014 ins Leben gerufenen Initiative „Mehr Platz für Sport – 1.000 Chancen für Afrika". Die Initiative fördert die politische und gesellschaftliche Verankerung des Ansatzes „Sport für Entwicklung" in Afrika. Ziel ist es auch, die Arbeit mit bewährten Partnern durch neue Kooperati-onen zu ergänzen, um eine breite effektive Allianz aus Sport, Zivilgesellschaft und Wirtschaft zu bil-den. Neben der Förderung von Infrastruktur werden lokale Aus- und Fortbildungsmaßnahmen durchgeführt und sportpädagogische Nutzungskonzepte für Sportanlagen entwickelt.

Jordanien

Angesichts der hohen Zahl von geflüchteten, meist syrischen Kindern und Jugendlichen in Jordanien soll „Sport für Entwicklung" dort zu Austausch, Bildung und Konfliktbearbeitung beitragen. Aktuell beherbergt Jordanien rund 600.000 syrische Flüchtlinge, mehr als die Hälfte davon sind Kinder und Jugendliche unter 18 Jahren. Rund 80 Prozent der Geflüchteten leben außerhalb der jordanischen Flüchtlingscamps.[22] In den aufnehmenden Gemeinden besteht eine zentrale Herausforderung darin, einheimischen und geflüchteten Kindern und Jugendlichen gleichermaßen den Besuch qualitativ hochwertiger Bildungsangebote zu ermöglichen. Meist werden in sogenannten „Doppelschichtschulen" Mädchen und Jungen, syrische und jordanische Kinder und Jugendliche getrennt voneinander unterrichtet. Die Trennung birgt mittelfristig ein Konfliktpotenzial in den aufnehmenden Gemeinden.

Gemeinsam mit Partnern wie dem jordanischen Bildungsministerium, dem Asian Football Development Project oder dem Norwegischen Flüchtlingsrat und UNICEF soll durch die Einführung von „Sport für Entwicklung" an den Schulen die Bildungsqualität und -attraktivität erhöht werden. Weiteres Ziel der sportpädagogischen Angebote ist es, den Austausch und die Kohäsion der unterschiedlichen Gruppen zu befördern und so ein konfliktfreies Zusammenleben zu sichern. Mit entsprechend ausgebildeten Multiplikatorinnen und Multiplikatoren bieten diese Sportangebote auch eine psychosoziale Unterstützung für die teilweise traumatisierten Kinder und Jugendlichen und erleichtern die Rückkehr in einen sicherheitsgebenden Alltag.

Resümee – In eine bewegte Zukunft

Die Erfahrungen in den Kooperationsmaßnahmen zeigen: Sport birgt vielfältige Potenziale als wirksames Mittel zur Erreichung entwicklungspolitischer Ziele – für die deutsche Entwicklungszusammenarbeit und darüber hinaus.

Um dieses Potenzial zu nutzen, müssen die entwicklungspolitischen Vorhaben auf die gesellschaftlichen, kulturellen und wirtschaftlichen Rahmenbedingungen im Partnerland zugeschnitten sein. Grundsätzlich eignen sich für „Sport für Entwicklung" vor allem Breitensportarten, die keine teure Ausrüstung erfordern und darüber hinaus eine gesellschaftliche Verwurzelung im Land aufweisen. Auch die vorhandene Infrastruktur sollte genutzt und so aufgewertet werden, wie es im Rahmen der Initiative „Mehr Platz für Sport – 1.000 Chancen für Afrika" geschieht. Ebenso wichtige Elemente sind die Ausbildung von Multiplikatorinnen und Multiplikatoren und ein gemeinsam mit den Partnern im Land entwickeltes Konzept über die Einbettung des Instruments Sport in die jeweiligen Programme. Die ausgebildeten Multiplikatorinnen und Multiplikatoren müssen fortwährend begleitet werden, um durch „Sport für Entwicklung" angemessene Lernmöglichkeiten für Kinder und Jugendliche bieten zu können. Kooperationen mit und Netzwerke aus staatlichen und zivilgesellschaftlichen Organisationen, Wirtschaft und Wissenschaft sind gleichermaßen Ergebnis und Beförderer von „Sport für Entwicklung" und schaffen Synergien zur Erreichung entwicklungspolitischer Ziele.

Sport wird auch in Zukunft eine wichtige Rolle einnehmen – auf dem Platz, in der Politik und im Alltagsleben von Menschen in allen Regionen der Welt. Dies möchten wir auch in den kommenden Jahren für unsere Arbeit nutzen.

Die bereits erzielten Erfolge tragen zur weiteren Etablierung des Ansatzes „Sport für Entwicklung" in der internationalen Zusammenarbeit bei und befördern dessen weltweite Verbreitung – denn Sport bewegt und bildet!

Literatur

- *Auswärtiges Amt (2015).Länderinformationen Brasilien: Innenpolitik/Kultur & Bildung. Berlin: AA. Abgerufen am 14.12.15 unter* http://www.auswaertiges-amt.de/DE/Aussenpolitik/Laender/Laenderinfos/Brasilien/Innenpolitik_node.html

- Bailey (2006). Physical Education and Sport in Schools: A Review of Benefits and Outcomes. The Journal of School Health, 76, 397–401.
- Beacom, A. & Levermore, R. (2008). International Policy and Sport-in-Development. In V. Girginov (Hg.), Management of Sports Development (S.109–126). Oxford: Elsevier.
- Brady, M. & Khan, A.B. (2002). Letting Girls Play: The Mathare Youth Sports Association's Football Program for Girls. New York: Population Council.
- Colliard & Hanley (2005). Overcoming Trauma through Sport. Magglingen: Input Paper 2nd Magglingen Conference.
- Di Cola (2006). Beyond the scoreboard: Youth employment opportunities and skills development in the sports sector. Genf: ILO.
- Hirsh-Pasek & Golinkoff (2008). Why Play = Learning. Encyclopedia of Early Childhood De-velopment.
- Jäger, U. (2008). Fußball für Entwicklung: Wie durch Sport Globales Lernen, Fair Play und friedliches Zusammenleben gefördert werden kann. Tübingen: Institut für Friedenspädagogik e.V.
- Jeanes (2013). Educating through sport? Examining HIV/AIDS education and sport for de-velopment through the perspectives of Zambian young people. Sport, Education and Society, 18 (3), 388–406.
- Ministry of Health and Social Services (2014). Surveillance Report of the 2014 National HIV Sentinel Survey. Windhoek: MOHSS.
- Schulenkorf, N. & Adair, D. (2014). Sport-for-Development: The Emergence and Growth of a New Genre. In N. Schulenkorf & D. Adair, Global Sport-for-Development: Critical Perspectives (S.3–14). London: palgrave macmillan.
- Sudgen (2006). Teaching and Playing Sport for Conflict Resolution and Coexistence in Israel. International review for the sociology of sport, 41, 221–240.
- Talbot, M. (1991). The Case for Physical Education. In G. Doll-Tepper and D. Scoretz, Proceedings: World Summit on Physical Education 1991. Berlin: ICSSPE.
- UNDP (2015). Human Development Report 2015: Work for Human Development. New York: VN.
- UNICEF (2006). UNICEF and FIFA Partnership for 2006 FIFA World Cup Germany Highlights Peace and Tolerance. London: UNICEF.

- UNHCR (2015). *Jordan Refugee Response: Vulnerability Assessment Framework Baseline Survey.* Amman: UNHCR Jordan.
- *United Nations Inter-Agency Task Force on Sport for Development and Peace (2003). Sport as a Tool for Development and Peace: Towards Achieving the United Nations Millenium Development Goals.* New York: VN.
- Vereinte Nationen (2004). *Resolutionen und Beschlüsse der achtundfünfzigsten Tagung der Generalversammlung: Band I Resolutionen.* New York: VN.
- Vereinte Nationen (2015). *Transforming our World: the 2030 Agenda for Sustainable Development, #37.* New York: VN.

Fußnoten

1 Anm.: Einige der im Beitrag enthaltenen Zahlen und Daten zu den Vorhaben beziehen sich auf Stand 12/2015.
2 Vgl. Beacom & Levermore, 2008.
3 Vereinte Nationen, 2004, S. 30.
4 Vereinte Nationen, 2015.
5 Schulenkorf & Adair, 2014.
6 Im Folgenden werden die verschiedenen sportbezogenen Begriffe synonym verwendet.
7 United Nations Inter-Agency Task Force on Sport for Development and Peace, 2003, S. 2.
8 Vgl. u. a. Bailey, 2006; Hirsh-Pasek & Golinkoff, 2008.
9 Talbot, 1999.
10 Di Cola, 2006.
11 Jeanes, 2013.
12 UNICEF, 2006.
13 Brady & Khan, 2002.
14 Colliard & Hanley, 2005.
15 Sudgen, 2006.
16 Weltrat für Sportwissenschaft und Körper-/Leibeserziehung.
17 Büro der Vereinten Nationen für Sport im Dienst von Entwicklung und Frieden.
18 Vgl. Jäger, 2008.

19 *UNDP, 2015.*
20 *Vgl. Auswärtiges Amt, 2015.*
21 *MOHSS, 2014.*
22 *UNHCR, 2015.*

FUSSBALL ALS BOTSCHAFT DES FRIEDENS UND DER AUSSÖHNUNG TRAINERLEGENDE RUDI GUTENDORF IN RUANDA

von Ferhat Cato*

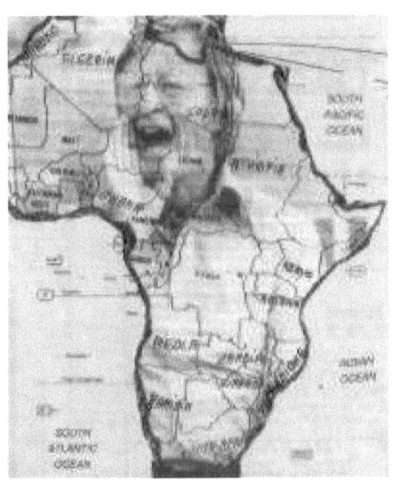

Er ist schon zu Lebzeiten eine Legende und mit seinen 55 Trainerstationen auf allen Kontinenten im Guinnessbuch der Rekorde verewigt. Rudi Gutendorf (89) hat viele Beinamen von der Weltöffentlichkeit erhalten: Trainerlegende – Rudi Rastlos – Weltenbummler – bunter Hund – Sportmissionar – und Fußballbotschafter sind nur einige der Attribute, die ihm anhängen.

Erlebt hat er dabei so manches: Er war als Nationaltrainer in Chile ein Freund von Salvador Allende und musste deshalb am Vorabend des faschistischen Putsches fliehen. Nachdem er in Deutschland gelandet war, erfuhr er im Radio, dass in seinem Nationalstadion, wo er wenige Tage zuvor noch die Nationalmannschaft trainiert hatte, ein KZ eingerichtet worden war, in dem Pinochets Schergen Demokraten und die linken Anhänger Allendes folterten.

Gutendorfs Beruf(ung) war der Weltfußball, aber trotzdem kreuzte sein Leben immer wieder die Politik und er leistete politisch Großartiges, wozu die Politik selbst nicht in der Lage war.

Seine großartigste sportliche, aber noch mehr politische Leistung war sein Einsatz 1999 im zentralafrikanischen Ruanda. Es war seine 54. und vorletzte Trainerstation. In Ruanda hatte 1994 ein bestialischer Stammeskrieg zwischen den Völkern der Hutu und Tutsi gewütet, in dem bis zu eine Million vor allem Tutsi durch die Hutu ermordet wurde. Die Tutsi sind das zahlenmäßig kleinere Volk, das in der Kolonialzeit über die Hutu geherrscht hatte. Es war ein Völkermord binnen 100 Tagen. „Etwa 75 Prozent der in Ruanda lebenden Minderheit der Tutsi sowie moderate Hutu, die sich am Völkermord nicht beteiligten, wurden ermordet."[1]

Als der deutsche Trainer nach diesem Horror des blutigen Bürgerkrieges die Aufgabe erhielt, eine „gemeinsame" Nationalmannschaft aus beiden Volksgruppen zu formen, nahm er die Aufgabe an, obwohl er nicht genau wusste, worauf er sich da einließ. Die Gräuel waren fünf Jahre danach noch spürbar. Gutendorf beschreibt selbst eine Atmosphäre voller Misstrauen und latenter Aggressionen.

Er wusste, dass er nicht einfach die elf besten Spieler nehmen konnte, sondern eine Nationalmannschaft formen musste, die je zur Hälfte aus beiden Volksgruppen bestand. Dazu musste er unglaublich viele Widerstände, Misstrauen, Angst und Hass überwinden und Wunden, die der Bürgerkrieg geschlagen hatte, heilen (helfen).

Seine einzige Ausrüstung waren zunächst seine 73 Jahre Lebenserfahrung und das gesammelte Weltwissen aus fünf Kontinenten. Lederbälle waren dagegen Mangelware, von Stollenschuhen ganz zu schweigen:

Wenn ich auf meine abenteuerlichsten Stationen zurückschaue, denke ich direkt an Ruanda. Wie angespannt die Situation im Land auch fünf Jahre danach noch war, erfuhr ich schon an meinem ersten Arbeitstag. Als ich morgens im Hotel auf meinen Chauffeur wartete, der mich zum Trainingsplatz bringen sollte, standen plötzlich zwei Soldaten vor mir. Ich schaute sie mit großen Augen an. Mit diesem persönlichen Fahrdienst hatte ich nicht gerechnet. Auf einem offenen Lkw brachten mich die beiden Männer zum Platz.

»Rudi, was machst du hier?«

Während der ganzen Fahrt hielten sie ihr Gewehr im Anschlag, weil sie nicht wussten, wie Hutus und Tutsis auf mich reagieren würden. Ihr müsst wissen: Der Weiße hat in Ruanda immer noch keinen einfachen Stand. Die Ankündigung der Soldaten, hinter jedem Baum könne jemand stehen und auf mich schießen, machte mir Angst. Ich habe nur gedacht: »Rudi, was machst du hier?« An den ersten Tagen setzte ich mir das Ziel, beide Gruppen im Fußball so gut es geht zu versöhnen. Für das Nationalteam habe ich immer neun vom einen und neun vom anderen Stamm nominiert. Fußball spielen konnten sie übrigens alle. Die Abwehr war eisenhart, echte Schlachtrösser. Wenn die eingestiegen sind, flogen die Fetzen. Leider haben sich die Spieler damals aber vor allem untereinander bekriegt. Das erlebte ich schon in einer meiner ersten Trainingseinheiten.

Suppe und Fußball bringen Leute zusammen

Ein Tutsi schoss ein wunderbares Tor. Er nagelte den Ball so herrlich in den Winkel, dass ich mich nicht mehr beherrschen konnte und ihm in die Arme sprang. Direkt daneben stand ein Hutu-Spieler und starrte mich mit hasserfülltem Blick an. Der Torschütze war zwar sein Teamkamerad, der Konflikt zwischen den sozialen Gruppen hatte ihn das aber vergessen lassen.

Ich beschloss, ein eigenes Ritual einzuführen: das gemeinsame Sitzen am Lagerfeuer. Ich ließ von einigen Tagelöhnern Feuerholz besorgen, organisierte einen Riesenpott Suppe und lud nach jedem Training ans Lagerfeuer ein. Ich wusste genau, dass es nicht lange dauern würde, bis die Leute kommen würden. Viele sind bettelarm, der Kohldampf trieb sie zu mir und meiner Suppe. Wir saßen immer im großen Kreis, und ich habe erzählt. Ich habe auf die beiden Stämme eingeredet und gesagt: »Ihr habt jetzt eine Chance, durch den Fußball zu zeigen, dass ihr zusammengehört! Ihr braucht Erfolge.«

Ein Unentschieden als größter Erfolg

Zunächst war ich mir nicht sicher, ob diese Worte ankommen würden. Man kann immer viel reden, ohne Erfolge bringt das aber gar nichts. Das sieht man auch heute noch bei einigen Bundesliga-Trainern. Zum Glück feierte ich in Ruanda später aber genau diese Erfolge. Unser größter Triumph war ein 2:2-Unentschieden gegen die Elfenbeinküste, schon damals eine der besten Mannschaften Afrikas. Im Vorfeld hatte uns niemand etwas zugetraut. Es hieß überall: »Ach, die Gurken. Die kriegen doch zehn Stück!« Nach Abpfiff haben wir uns deshalb wie die Kinder gefreut.

Am 8. April 2000 feierte Ruanda den größten Erfolg seiner Sportgeschichte. Mit der legendären Defensivtaktik, die dem deutschen Trainer schon zu Bundesliga-Zeiten den Spitznamen „Riegel-Rudi" beschert hatte, erkämpfte sich sein Team ein Unentschieden gegen die mit Stars gespickte Auswahl der Elfenbeinküste, die damals als stärkste afrikanische Mannschaft galt.

Die Elf des deutschen Trainers musste gegen den Titelfavoriten antreten. Das Spiel wurde zu einer Achterbahn der Gefühle. Früh führte der Favorit Elfenbeinküste mit 0:2, aber Gutendorf wäre nicht Gutendorf, wenn er nicht als Motivator seinen Jungs im tiefsten Afrika auch deutsche Tugenden vermittelt hätte. Und diese taten, was der Trainer ihnen immer wieder gepredigt und vorgelebt hatte: Kämpfen bis zum Umfallen!

Es kam zum unerwarteten Happy End. Am Ende schaffte Ruanda das 2:2 und das Nationalstadion bebte in seinen Grundfesten. Später schlug Ruanda noch den großen Nachbarn Kongo mit 3:1.

Ruanda hatte damals dank des deutschen Trainers einen Sieg als geeintes Land gewonnen. Beide Volksgruppen zusammen hatten bewiesen, dass sie für eine gemeinsame Sache Großes schaffen konnten, und damit ein Signal für die Zukunft gesetzt: „Nie habe ich so glückliche Menschen gesehen", befand Gutendorf. In diesem Augenblick war er der ungekrönte König von Ruanda und erlebte am eigenen Leib, welche friedensstiftende und versöhnliche Macht der Fußball haben konnte. Es war unbeschreiblich:

»Wir sangen und schunkelten, meine Spieler trugen mich auf den Schultern. Das kannte ich bislang nur von Meisterschaften. Die sonst verfeindeten Jungs lagen sich in den Armen. Ich habe mir nur gedacht: Verdammt, Rudi! Da siehst du, was der Fußball bewirken kann.«

Hutu und Tutsi lagen sich in den Armen

»Ich bin fast verrückt geworden vor Freude«, strahlt Gutendorf noch heute: »Hutu und Tutsi umarmten und küssten sich. Die Väter hatten sich noch gegenseitig die Hälse abgeschnitten und nun lagen sich die Söhne in den Armen – auf dem Feld und auf der Tribüne. Das war vielleicht der schönste Moment meiner Karriere.«[2]

Die Menschen trugen ihren deutschen Trainer nicht nur durchs Stadionrund auf Schultern, sondern kilometerweit bis in die Stadt zurück.

Ruanda ist das Partnerland von Rheinland-Pfalz. Einige Jahre später kehrte Rudi Gutendorf mit einer politischen Delegation auf Einladung seines Freundes und Ministerpräsidenten, Kurt Beck, nach Ruanda zurück. Kurt Beck, wie die ganze Delegation, wunderte sich nicht schlecht, dass Rudi Gutendorf der Star der politischen deutschen Reisegruppe war und ihm die Liebe der Menschen überall entgegenschwappte. Alle begrüßten in der Hauptstadt Kigali „ihren" Nationaltrainer, der so viel für die Aussöhnung der beiden verfeindeten Volksgruppen getan hatte.

Die Nationalmannschaft Ruandas 1999 und ihr deutscher Coach (2. Reihe Mitte)

Von seiner Leistung überzeugt, hat er seitdem immer wieder als zukünftiges Ziel angegeben, dass er gerne ein ähnliches Spiel zwischen den Israelis und den Palästinensern organisieren wollte, um einen ähnlichen Beitrag für den Frieden leisten zu können. Er kontaktierte erfolgreich den ersten palästinensischen Präsidenten, Jassir Arafat. Nach dem Tod des PLO-Chefs schlief die Initiative allerdings wieder ein. Die Erfüllung seines Wunsches war dem 90-Jährigen somit leider nicht vergönnt.

Fußnoten

1 *Wikipedia 2 Elf Freunde Magazin*
2 *11 Freunde-Magazin*
* *Ferhat Cato (Neuwied) ist Sportbuchautor und seit vielen Jahren mit Rudi Gutendorf befreundet.*

DER FUSSBALLVERBAND RHEINLAND (FVR) UND SEINE AKTIVITÄTEN IN RUANDA

von Walter Desch

Koblenz – Frankfurt – Brüssel – Kigali. Über 10.000 Kilometer und über 15 Stunden Reisezeit, was hat das mit Entwicklung und Frieden zu tun? Welchen Beitrag kann ein mittlerer Fußballverband in Deutschland mit über 1.000 Vereinen und fast 200.000 Mitgliedern zum Frieden leisten? Solche Fragen haben sich manche Fußballfreunde im Rheinland sicherlich gestellt, als 2006 die Kooperation mit dem ruandischen Fußballverband Fédération Rwandaise de Football Association (FERWAFA) startete. Doch das Ganze der Reihe nach.

Seit vielen Jahren entsendet der Deutsche Fußballbund (DFB) in Zusammenarbeit mit dem Auswärtigen Amt Fußballlehrer als Experten in die ganze Welt, zum einen, um sportliche Entwicklungshilfe zu leisten, zum anderen aber auch, um den deutschen Fußball und seine Leistungsfähigkeit, Spiel- und Trainingsphilosophie darzustellen. Vor allem nach der Weltmeisterschaft 2006 kam es darauf an, die positive internationale Aufmerksamkeit für den deutschen Fußball aufrechtzuerhalten. So wurden zunächst mit solchen Ländern Vereinbarungen getroffen, in denen sowieso Partnerschaften mit Bundesländern bestanden.

Bereits 1982 wurde eine Partnerschaft zwischen dem Land Rheinland-Pfalz (RLP) und dem Land Ruanda ins Leben gerufen. Im Rahmen von Graswurzelpartnerschaften engagiert sich bis heute eine Vielzahl von Kommunen, Schulen und anderen Organisationen in gegenseitigem Austausch. Auch der Landessportbund Rheinland-Pfalz (RLP) ist vielfach beteiligt. Und einen ganz besonderen Beitrag leistete schon 1999 der

Weltenbummler Rudi Gutendorf, als er die nach dem Völkermord von 1994 verfeindeten Hutu und Tutsi auf dem Fußballfeld nicht nur symbolisch wieder zusammenführte. Er erinnert sich noch heute an das sensationelle Unentschieden Ruandas gegen die voller Stars angetretene Mannschaft der Elfenbeinküste mit den Worten:
»*Ich wäre fast verrückt geworden vor Freude, Hutu und Tutsi herzten und küssten sich. Die Väter hatten sich noch gegenseitig die Hälse abgeschnitten und nun lagen sich die Söhne in den Armen – auf dem Feld und auf der Tribüne. Das war vielleicht der schönste Moment meiner Karriere.*«

Austausch der Partnerschaftsurkunden zwischen dem Land Ruanda, dem DFB und dem Land RLP (v. l. Innenminister Karl-Peter Bruch, DFB-Präsident Dr. Theo Zwanziger, Staatspräsident Paul Kagame)

So war es naheliegend, dass der Rheinland-Pfälzer DFB-Präsident Dr. Theo Zwanziger in Abstimmung mit dem damaligen Ministerpräsidenten Kurt Beck, dem Innenminister Karl-Peter Bruch und seinem Staatssekretär Roger Lewentz, Menschen vorwiegend aus dem Rhein-Lahn-Kreis, eine Fußballpartnerschaft auf den Weg brachte.

Das operative Vorgehen sollte mit Unterstützung des DFB-Abteilungsleiters Markus Weidner, zuständig für das Trainerwesen und internationale Kontakte, in RLP gesteuert werden. Hierzu wurde der Fußball- und Kulturverein RLP auserkoren, der im Vorfeld der WM auch mit großer Unterstützung von Hans-Peter Schössler, dem damaligen Geschäftsführer von Lotto Rheinland-Pfalz, gegründet worden und dessen Vorsitzender ich war. Die Träger des Vereins waren der Fußballverband Rheinland (FVR) und der südwestdeutsche Fußballverband (SWFV).

Im September 2006 startete nun die erste Delegation mit Dr. Theo Zwanziger, Karl-Peter Bruch und mir Richtung Kigali, um erste Gespräche zu führen. Hilfreich war hierbei, dass der ehemalige Botschafter Ruandas in Deutschland, Bernard Makusa, inzwischen Ministerpräsident vor Ort war. Auch er war Fußballfan und hatte während seiner Zeit als Botschafter in Deutschland in der Lotto-Elf von Lotto RLP mitgekickt. Höhepunkt der Reise war der Empfang durch den Staatspräsidenten Paul Kagame. Der sportliche, schlanke und in den USA ausgebildete General war von der Idee einer Fußball-Zusammenarbeit sofort begeistert und sagte jede Unterstützung zu. Eine große Gesellschaft stellte sich am Regierungssitz in Kigali dem Fotografen; neben einigen ruandischen Ministern und den Hauptakteuren aus RLP, Dr. Theo Zwanziger, Karl-Peter Bruch und Walter Desch, waren aus RLP auch Jürgen Debus, Hermann Höfer, Helmut Weimer, Hanne Hall, Antje Wilde, Ramin Peymani und Jürgen Claßen dabei.

Nach einem weiteren Arbeitsbesuch in Ruanda wurde ein Memorandum erstellt, in dem die Projekte beschrieben wurden:

1. Technische Entwicklung

Zur technischen Entwicklung wurde vereinbart, dass der DFB im Jahr 2007 einen technischen Direktor für die Dauer von vier Jahren entsenden wird. Diese Personalkosten übernahm das AA, Kosten vor Ort übernahm die FERWAFA. Für die ruandischen Erst- und Zweitligatrainer wurde ein einwöchiger Workshop mit dem DFB-Chefausbilder Erich Rutemöller vereinbart.

2. Administration

Über hochrangige Besuche der Verbände DFB und FERWAFA soll sichergestellt werden, dass die Zusammenarbeit reibungslos läuft.

3. Förderung der U17-Nationalmannschaft Ruandas

2009 stand der „Under 20 African Cup of Nations" an, hierauf sollte ganz gezielt hingearbeitet werden. Hierzu soll auch ein hochrangiger Trainer nominiert werden, der von der FERWAFA finanziert wird. Daneben werden Trainingslager der U18- Nationalmannschaft in Deutschland durchgeführt.

4. Förderung von Frauen- und Mädchenfußball

Da die Entwicklung des Frauen- und Mädchenfußballs in Ruanda noch ganz am Anfang ist, wird der DFB für drei Monate einen Experten zur Unterstützung des Nationaltrainers entsenden. Ziel ist die Schaffung von Strukturen und die Implementierung eines Rekrutierungssystems. Dazu gehören auch umfangreiche Materiallieferungen des DFB.

5. Talentförderung

Zur Ausweitung der bereits bestehenden fünf Schulkooperationen soll jeweils in jeder Provinz ein Trainer in Deutschland ausgebildet werden. Zusätzlich sollen durch Ausbilder aus RLP Lehrgänge an Schulen in Ruanda angeboten werden.

Bereits bei der Verhandlung über dieses Memorandum wurde deutlich, dass die FERWAFA den Schwerpunkt auf die Ziffer 3 legen würde. Dies bestätigte auch der deutsche Fußballlehrer Michael Nees, der zu dieser Zeit Nationaltrainer in Ruanda war und uns viele hilfreiche, teils auch kritische Hinweise gab, wie Fußball in Ruanda gesehen und gelebt wird und welchen politischen Stellenwert Fußball hat. Seine Erfahrungen dämpften zunächst einmal unsere Euphorie. Doch er konnte uns in der ersten Zusammenarbeit mit der FERWAFA sehr gut behilflich sein.

Für den Fußball- und Kulturverein Rheinland-Pfalz (FKV), der die Umsetzung mit Unterstützung des DFB als Aufgabe hatte, stand zunächst im Mittelpunkt, einen technischen Direktor zu rekrutieren. Auf Vorschlag des DFB wurde Michael Weiß ausgewählt, der großes Interesse an der Aufgabe zeigte und schnell verfügbar war. Er hatte bereits einige Jahre Auslandserfahrung in Japan und China gesammelt und war eine gute Wahl. Er bezog ein Büro bei der FERWAFA und begann voller Tatendrang, seine Vorstellungen umzusetzen. Hierbei entstanden erste Differenzen, als deutsche Gründlichkeit und Ordnungsliebe auf die afrikanische Mentalität trafen. Neben den strukturellen Aufgaben wollte er immer auch als Trainer arbeiten, fand dafür aber wenig Unterstützung. Bei etwas diplomatischerem Vorgehen hätte der eine oder andere Crash sicher vermieden werden können. Es gelang nur bedingt, Michael Weiß in eine Führungsrolle zu bringen, zu groß waren Rivalitäten mit den einheimischen Fußballfunktionären. In einigen Krisengesprächen nach Ziffer 2 des Memorandums gelang es aber immer wieder, die Zusammenarbeit fortzusetzen. Michael Weiß hat darunter manchmal gelitten, ohne selbst an den Umständen Schuld zu sein oder viel ändern zu können.

Aus über 40 Ländern kamen die Teilnehmer zum alljährlichen International Training Course ICC nach Koblenz.

Im April 2007 ging's dann richtig los. Das Trainingslager der U18-Nationalmannschaft startete in Koblenz an der Sportschule Oberwerth beim FVR. Es war für die deutschen Fußballer, die zu Trainingsspielen auf die U18 trafen, immer ein besonderes Erlebnis, da das ruandische Spielsystem voller Überraschungen war. Als Trainer war Michael Weiß dabei, der den Spielern viel beibringen konnte. Leider nutzten – wie auch schon in früheren Jahren – Auswahlspieler die Reise nach Deutschland zur Flucht, wahrscheinlich nach Belgien, der letzten Besatzungsmacht Ruandas; hierhin bestanden auch jetzt noch fußballerische Verbindungen.

Um eine effektive Trainerausbildung für die Trainer an den ruandischen Schulen gewährleisten zu können, wurde beim FVR erstmals eine C-Lizenz-Ausbildung komplett in Englisch vorbereitet. Und es kamen auch – relativ zeitgerecht – die sechs Kandidaten, die Michael Weiß zuvor in Ruanda ausgesucht hatte. Die Sprache Englisch war für einige genauso fremd wie für andere Französisch oder Kinyarwanda. Jedenfalls war der Lehrgang ein Riesenerfolg, neben Ruandern kamen Fußballer aus der ganzen Welt zu diesem „International Couching course" (ICC). Jeden Abend saßen die Lehrgangsteilnehmer zusammen, um den Stoff auch in den anderen Sprachen weiterzugeben; der Zusammenhalt war nach kurzer Zeit sehr eng. Später haben wir erfahren, dass sich die Teilnehmer an diesen Lehrgängen immer wieder E-Mails schreiben oder sich sogar treffen. Noch heute findet dieser Kurs jährlich statt, und im Jahr 2016 feierte der FVR den 10. Lehrgang, bei dem im Lauf der Jahre Teilnehmer aus über 40 Ländern ihre Lizenz erworben haben. Fast immer sind auch Fußballer aus Ruanda dabei, wobei zuletzt die Weltsicherheitslage dazu führte, dass Fußballer aus Burundi und Ruanda keine Visa bekamen und die Plätze frei blieben. Keiner der Anwesenden wird die Abschlussfeier des ersten Lehrgangs in Koblenz vergessen. Die Ruander erschienen mit Gehrock und Zylinder, sie waren sehr stolz auf ihre Lizenzen und feierten ein internationales Fest mit Tanz, Musik und Mystik. Im Vorfeld hatte ich in Ruanda mit Markus Weidner beim dortigen Sportministerium erreichen können, dass alle mit einem Arbeitsvertrag ausgestattet wurden, um die weitere Entwicklung voranzutreiben. Das wurde auch eingehalten, allerdings versandete diese Zusage nach etwas mehr als einem Jahr und alle standen quasi wieder auf der Straße oder suchten Anschluss in einem der wenigen Vereine in Ruanda. Immer sind auch Frauen bei dem Lehrgang am Start. Neben Frauen aus Ruanda besuchen auch jedes Mal zwei Frauen aus Kenia diese Ausbildung, Sie werden von SOLWODI (SOLidarity mit WOmen in DIstress) ausgewählt und trainieren anschließend in Mombasa und anderen Städten des Landes. Durch diesen ICC haben sich dort bereits über 50 Frauenmannschaften gebildet, und diese sportlichen Zusammenschlüsse werden vor allem dank der Initiative der SOLWODI-Vorsitzenden Schwester Dr. Lea Ackermann intensiv für weitere berufliche Qualifikationen genutzt. Ruandische Trainerinnen, darunter auch die Nationaltrainerin von Ruanda, absolvierten nach ihrem ICC ein mehrmonatiges Praktikum in Deutschland beim damaligen Bundesligisten SC 07 Bad Neuenahr und beim FVR.

Für den Fußballverband Rheinland (FVR) bereiteten die Maßnahmen nach Nr. 4 und Nr. 5 den größten Aufwand: Interesse wecken am Mädchen- und Frauenfußball sowie Maßnahmen zur Talentförderung. Um Talente zu finden und zu fördern bedarf es zunächst einer landesweiten Sichtung von geeigneten Trainern. Diese konnte von Michael Weiß mit den in Deutschland ausgebildeten Trainern sehr erfolgreich abgewickelt werden. Danach sollten mehrere deutsche Trainer in den fünf Provinzen in Zusammenarbeit mit Schulen Lehrer und engagierte Fußballer in einwöchigen Lehrgängen mit dem nötigen Können und Wissen vertraut machen. Erfreulich war, dass der FRV mehrere Trainer fand, die das Abenteuer in Ruanda auf sich nehmen wollten. Impfungen, Einweisung in das Land und seine Besonderheiten, Trainingsmaterial und Transportprobleme waren nur einige der für den FVR neuen Aufgaben, die dieser Einsatz mit sich brachte. So war die nächste Reise zur Vorbereitung angesagt. In einer gemeinsamen Reisegruppe mit dem Land RLP, dem Ministerpräsidenten Kurt Beck und viel weiterer Prominenz ging es wieder über Brüssel nach Kigali. Nach guter Vorarbeit von Michael Weiß suchten wir geeignete Schulen, führten viele Gespräche mit den meist kirchlichen Schulleitungen, besichtigten Sportanlagen und warben für eine Teilnahme von Lehrerinnen und Lehrern an unseren Lehrgängen. Ein großes Problem waren außerhalb von Kigali Unterkünfte für unsere Trainer, zum einen wegen der Kosten, zum anderen wegen der Sauberkeit und Sicherheit. Aber auch die Unterbringung und Verpflegung der Lehrgangsteilnehmer gestaltete sich schwierig.

Im August reisten nun die ersten fünf Unentwegten Ernst Efferz, Michael Gengelbach, Alois Stroh, Andreas Spier und Nikolai Adam mit einem großen Materialdepot für fünf Wochen nach Kigali. Jeder von den Fünfen hatte die Aufgabe, in einer Provinz fünf einwöchige Lehrgänge abzuhalten. Nach einer gemeinsamen Einweisung durch Michael Weiß und die in Deutschland ausgebildeten Provinzkoordinatoren folgten die ersten Überraschungen. Am Montagmorgen, als die Ausbildung beginnen sollte, waren nur wenige Traineranwärter vor Ort. So genau hatte man wohl den Lehrgangsbeginn nicht genommen – afrikanisch eben!

Die Ausbildungsinhalte richteten sich nach den Erfordernissen für die Ausbildung von Kindern, die Rahmenbedingungen waren teilweise schwierig, aber Improvisation liegt uns Deutschen. Neben technischen Fähigkeiten ging es auch um den Zusammenhalt einer Mannschaft, um gesundheitliche Aspekte, um Teambuilding bei Jugendlichen und Kindern oder um Zweikampfverhalten. Alle waren mit großer Begeisterung dabei und mächtig stolz, als ihnen zum Abschluss ein besonderes T-Shirt mit dem

Schriftzug „Coaches for Rwanda" überreicht wurde. Als Teilnehmer standen häufig Lehrer zur Verfügung. Die Rundreisen zu den Schulen hatten dazu geführt, dass die Schulleiter, häufig Verantwortliche von kirchlichen Organisationen, ihre Lehrer freistellten. Unsere damalige Hoffnung, dass sich daraus Wettbewerbe zwischen Schulen anbahnen ließen, haben sich zunächst nur in wenigen großen Städten realisieren lassen. Das Hauptproblem war der Transport der Mannschaften, aber auch eine vernünftige Infrastruktur. So gab es „Spielfelder" mit großen herausstehenden Felsbrocken oder kleinen Bäumen auf dem Platz. Da es in Ruanda auch kaum 100 Meter ebene Flächen gibt, war das Spiel oft davon gekennzeichnet, aufwärts oder abwärts spielen zu müssen. Und der Staub bei den Hartplätzen verbarg oft den Ball und das Spielgeschehen. Am Kiwusee gab es für uns ein interessantes Angebot eines kanadischen Missionars, der für ca. 8.000 US-Dollar eine Wiese zu einem Fußballfeld umgestalten wollte, indem er bis zu 100 Einheimische tagelang mit der Hacke auf das Feld schickt. Wir haben dankend abgelehnt!

Die Kinder, die im Rahmen der Ausbildung gebraucht wurden, kamen fast von alleine. Allein schon die Tatsache, dass es einen luftgefüllten Fußball gab, sorgte für Begeisterung. Üblicherweise kicken die Kinder mit Bällen, die sie aus Bananenblättern zusammenbinden. Und als Schuhwerk dienen, wenn nicht barfuß gespielt wird, Badelatschen aus Plastik. Dass damit die Ballbehandlung nicht perfekt werden konnte, war schnell klar. Aber Turn- oder Fußballschuhe waren in der Regel Träume.

Für die Kinder waren diese „Trainingseinheiten" wunderbare Erlebnisse, sie waren unheimlich ehrgeizig, wollten alle Übungen perfekt abliefern und kannten keine Müdigkeit. Als ein Trainer einmal eine Mädchengruppe die ca. 50 Stufen einer alten Tribüne rauf- und runterlaufen ließ, wollten die Mädchen nicht mehr aufhören, so viel Spaß hatte es ihnen gemacht. Und beim Torschuss von Jungens sah man sehr talentierte und reaktionsschnelle Torhüter.

Im Jahr 2007 konnten insgesamt ca. 375 Lehrer und Trainer in Ruanda ausgebildet werden, die danach vor allem in Schulen wirkten. Einige Trainer versuchten ihr Glück auch bei einem der wenigen Vereine in

Ruanda. Da es aber keine systematische Jugendarbeit unterhalb der professionellen Ligen gab, blieben manche Talente der Trainer auch ungenutzt.

Diese bewährte Methode der Unterstützung des ruandischen Fußballs wurde auch in den Folgejahren fortgesetzt: 2008 mit ca. 150 Teilnehmern, auch 2009 wieder ca. 150 Teilnehmer, wobei hier bereits weiterführende Lehrgänge für die besten Teilnehmer der ersten Stufe eine qualitative Steigerung der Fähigkeiten bewirkten. Außerdem wurden auch gezielt Trainerinnen ausgebildet. Sehr gut kam an, dass der FVR bei seinen Vereinen um das Spenden von Sportkleidung für Ruanda gebeten hatte. Über 2.000 Trikots und Hosen sowie über 100 Fußbälle konnten nach einer längeren Wartezeit und der teuren chemischen Reinigung in Deutschland in Ruanda verteilt werden. So begegnet man in Kigali nicht nur den Trikots von FC Barcelona, Manchester United oder Bayern München, sondern auch von TuS Koblenz oder anderen auch kleinen Vereinen von Rheinland-Pfalz.

Beim Fußballnachwuchs gibt es keinen Mangel, aber bei der Infrastruktur, der Ausstattung und in der Ausbildung.

Den Wünschen der FERWAFA nach Förderung der Nationalmannschaften kam der DFB dadurch entgegen, dass im August und im Oktober die U20-Nationalmannschaft zweimal zu Trainingslagern in Rheinland-Pfalz zu Gast war. Die Hoffnung, bei der afrikanischen U20-Meisterschaft vorne zu landen, erfüllte sich leider nicht. Im Folgejahr kam dann die U18-Mannschaft zu einem Trainingslager, und auch die Frauen-Nationalmannschaft besuchte für ein Trainingslager Koblenz. Diese Begegnungen im Winter bleiben in Erinnerung, da die schmächtigen Mädchen zunächst einmal warm eingekleidet werden mussten und ihnen erklärt werden musste, was Schnee ist. Bei den Vergleichsspielen überzeugten die Afrikanerinnen durch ihre Schnelligkeit und recht gute Technik, allerdings zeigten sich bei den Torschüssen erhebliche Mängel! Als Konsequenz wurde für knapp drei Wochen ein deutscher Trainer für ein Trainingslager für den Mädchen- und Frauennachwuchs nach Kigali entsandt.

In den Folgejahren wiederholten sich die Programme. Ab 2010 folgte eine neue Planung für einen regelmäßigen Spielbetrieb von Schulmannschaften. Hintergrund war, dass Ruanda ein Qualifikationsspiel gegen Sambia nicht gewinnen konnte und damit bei der Afrikameisterschaft ausgeschieden war. Ich hatte unmittelbar nach dem Spiel ein Gespräch mit dem Staatspräsidenten Paul Kagame, dem ich klarmachen konnte, dass der ruandische Fußball darunter leidet, dass die jungen Talente viel zu spät gefördert werden. Die Clubs fördern eigentlich – wenn überhaupt – im Hinblick auf den eigenen Verein, eine Breitenwirkung entsteht nicht. Ich empfahl deshalb, bereits mit 12-Jährigen Wettbewerbe an Schulen zu organisieren. Das Ergebnis war, dass die FERWAFA kurze Zeit später zu einem Treffen einlud und ein solches Konzept vorlegte. Das Konzept, wesentlich von Michael Weiß erstellt, war bis ins Kleinste ausgearbeitet. 60 Schulmannschaften sollten in Hin- und Rückspiel in den fünf Provinzen die Meister ausspielen, die dann den Landesmeister ermittelten. Leider konnte ein wesentlicher Punkt des Konzepts nicht realisiert werden, das Finden von Sponsoren in Ruanda. Erst viel später ist ein solches Projekt auf kleinerer Flamme erneut angegangen worden, ohne deutsche Beteiligung.

Im Jahr 2010 wechselte die Führung bei der FERWAFA. Die langjährig gewachsene Zusammenarbeit wurde unter anderem auch dadurch belastet, dass die FERWAFA Trainer aus anderen europäischen Ländern verpflichtete und auch eine Zusammenarbeit mit anderen Fußballverbänden begann. Das Interesse der neuen Führung an einer Kooperation mit dem DFB ließ nach, zumal der DFB seine Unterstützung zurückfuhr. Üblicherweise dauern solche Unterstützungsmaßnahmen vier Jahre, in Ruanda waren nun auch schon sechs Jahre vergangen. Erst 2014 – nach erneutem Führungswechsel bei der FERWAFA – wurden die Kontakte wieder intensiviert, und so konnte im Frühjahr 2015 die Trainerausbildung wieder aufgenommen werden. Das Interesse an einer Teilnahme als Ausbilder war groß, so mussten die fünf Ausbilder ausgewählt werden und einige Interessenten kamen nicht zum Zug.

Vor Ort lief es sehr gut, wie der damalige Ausbilder Uli Klar beschrieb:

„Die erste Kurswoche ist vorüber und nach den fast obligatorischen, mehr oder weniger großen organisatorischen Problemen können alle Beteiligten ein wirklich positives Zwischenfazit ziehen. Sowohl die Kursteilnehmer als auch die deutschen Trainer und ebenso die Verantwortlichen des ruandischen Fußballverbandes haben in vielen Gesprächen den bisherigen Verlauf der Trainerausbildung als sehr positiv geschildert. Die Teilnehmerinnen und Teilnehmer aus allen Kursen zeigen eine hohe Motivation und sind darüber hinaus in jeder freien Minute bestrebt, mit ihren Ausbildern auch den informellen Gedankenaustausch zu pflegen. Einige der Teilnehmer verfügen bereits als ehemalige professionelle Spieler über ein gutes fußballerisches Grundwissen, andere Teilnehmerinnen und Teilnehmer sind als Lehrer an Schulen für den Sportunterricht zuständig und im Kurs zum ersten Mal mit strukturiertem Fußballtraining befasst. Allen gemein ist die hohe Bereitschaft, sich gegenseitig zu unterstützen, und somit einen hohen Lernerfolg für alle zu erzielen. Somit leistet jeder der Ausbildungskurse auch einen Beitrag zur Weiterentwicklung der Zivilgesellschaft im Land."

Über 100 Trainerinnen und Trainer wurden ausgebildet und die Medien vor Ort berichten über das Projekt. Aber es gab auch Enttäuschungen, wie der Trainer Sebastian Weinand berichtet:

„Eine weitere prägende Erfahrung war, dass zwei meiner Trainer am Donnerstag nach dem Kurs als Trainer mit einer Jugendmannschaft auf dem gleichen Sportplatz mit einer Gruppe von etwa 24 Kindern im Alter von 10–12 Jahren ein Training durchgeführt haben. Das komplette Training bestand in einem Spiel 12 gegen 12 auf dem kompletten Feld. Hier an dieser Stelle habe ich die Trainer zu mir gerufen und infrage gestellt, ob sie mir während der Woche überhaupt zugehört haben."

Eine Kernfrage einer solchen Partnerschaft ist natürlich die Finanzierung der Projekte. Für einen mittelgroßen Fußballverband lässt sich das nur verwirklichen, wenn entsprechende Unterstützung erfolgt. In erster Linie ist der DFB hier zu nennen, der jährlich weit über 100.000 € beisteuerte. Auch das Land Rheinland-Pfalz, das ein eigenes Ruanda-Referat eingerichtet hat, steuert erhebliche Summen bei. Für den ICC sorgt finanziell auch sehr stark Lotto Rheinland-Pfalz, daneben fließen Spenden und Zuschüsse aus anderen Sportorganisationen. Erstmals 2015 konnten wir auch auf Mittel der GIZ (Deutsche Gesellschaft für internationale Zusammenarbeit) zurückgreifen. Dennoch ist unser Engagement auch weiter von Fremdmitteln abhängig, wobei vor allem Gelder aus dem Bereich Entwicklungspolitik im Fußball vor Ort sehr sinnvoll und zielführend eingesetzt werden können. Leider gibt es immer wieder Absagen, weil irgendwelche Formalitäten die guten Ansätze aus der Praxis be- oder sogar verhindern. Dass Sport und hier vor allem Fußball Brücken bauen kann und will, sollte noch viel intensiver und unkomplizierter Berücksichtigung finden.

Derzeit prüfen wir, ob der DFB sich erneut für den Fußball in Ruanda engagieren kann. Der FVR steht jedenfalls bereit, seine Leistungen wieder einzubringen und die Kontakte zum Wohl der Kinder in Ruanda zu intensivieren. Ihnen gibt der Fußball die Erfahrung, dass es sich lohnt, Gemeinschaften und Mannschaften anzugehören, sich anzustrengen, um besser zu werden, Verständnis für Anderssein zu entwickeln, das Lebensumfeld selbst zu gestalten, zu gewinnen und zu verlieren, hinzufallen und wieder aufzustehen, Fehler anderer auszubügeln und eigene machen zu dürfen – das alles lernen diese Kinder beim Fußball, wenn gut ausgebildete und motivierte Trainer sie begleiten.

SPORT FÖRDERT DIE PARTNERSCHAFT RHEINLAND-PFALZ UND DAS PARTNERLAND RUANDA – ZUSAMMENARBEIT IM SPORT

von Malu Dreyer

Graswurzelpartnerschaft – von den Bürgern und Bürgerinnen getragen

Im Jahr 1982 besiegelten Rheinland-Pfalz und die Republik Ruanda die erste Partnerschaft zwischen einem Bundesland und einem afrikanischen Land. Grundgedanke war von Anfang an, eine sogenannte Graswurzelpartnerschaft zu entwickeln, die dezentral und bürgernah organisiert sein sollte. Die ruandischen Partner schlagen eigenverantwortlich Projekte vor, die ihnen am dringlichsten und notwendigsten erscheinen. Auf der rheinland-pfälzischen Seite bemühen sich die Partner darum, die finanzielle und materielle Unterstützung bereitzustellen.

In der Partnerschaft Rheinland-Pfalz – Ruanda lässt sich feststellen, dass das Millenniumsziel „Sport für Entwicklung und Frieden" auch in der Beziehung unserer Länder eine nicht unwesentliche Rolle spielt. Der Sport hat in Ruanda eine herausragende Bedeutung. Für die Bevölkerung und vor allem die Jugend gibt es keine bessere Möglichkeit der Freizeitbeschäftigung und des friedlichen Miteinanders der unterschiedlichen Bevölkerungsgruppen.

Nach Auffassung der Vereinten Nationen können Aktivitäten rund um den Sport den Frieden und die Wirtschaft stärken – beispielsweise Arbeitsplätze schaffen und selbständige Tätigkeiten fördern. Der Sport kann demnach auch einen Beitrag dazu leisten, eine Kultur des Friedens und der Toleranz zu schaffen, indem Menschen über Staatsgrenzen und andere

Hindernisse hinweg zusammengebracht werden. So können Verständnis und gegenseitiger Respekt entstehen.

Zunächst möchte ich jedoch einige Aspekte der Partnerschaft zwischen Rheinland-Pfalz und Ruanda im Allgemeinen aufgreifen. Schließlich baut das Modell der Graswurzelpartnerschaft auf ganz konkrete Projekte und auf Zusammenarbeit, die von den Bürgerinnen und Bürgern beider Länder getragen wird. Das Modell dezentralisierter, bürgernaher und grundbedürfnisorientierter Entwicklungszusammenarbeit ist in der Bevölkerung auf große Resonanz gestoßen. An der Partnerschaft beteiligen sich heute gut 50 Initiativen und Ruandagruppen in Gemeinden, Städten und Landkreisen. Auch mehr als 250 Schulen, 49 Kommunen und zahlreiche Pfarreien, Vereine, Verbände, Universitäten und Fachhochschulen haben Beziehungen mit den entsprechenden Partnern in Ruanda aufgebaut. Mehr als 1.900 Projekte sind im Rahmen der Partnerschaft von Rheinland-Pfalz und Ruanda bis heute realisiert worden.

Bürgerkrieg und Genozid

In die zurückliegenden Jahrzehnte unserer bisherigen Partnerschaft fällt aber auch die Zeit des Genozids in Ruanda mit vielen Hunderttausend Opfern. Bis Mitte der 1980er-Jahre erlebte Ruanda einen bescheidenen wirtschaftlichen Aufschwung. Ruanda galt als entwicklungspolitisches Land mit einer undemokratischen, aber eben auch stabilen Regierung, einer funktionierenden Verwaltung und einer motivierten Bevölkerung. Die ethnischen Spannungen schienen überwunden.

Die ländliche Bevölkerung Ruandas hatte jedoch nur wenig Anteil am wirtschaftlichen Aufschwung, denn durch das rasche Wachstum der Bevölkerung nahm aufgrund der sehr begrenzten landwirtschaftlichen Nutzfläche die verfügbare Betriebsgröße pro bäuerlicher Familie stetig ab. So wurde die Selbstversorgung der Familien immer schwieriger. Zudem sanken Ende der 1980er-Jahre die Weltmarktpreise für Kaffee und Tee, die beiden Hauptexportprodukte Ruandas. Die fehlenden Deviseneinnahmen trafen die ruandische Wirtschaft erheblich und die Armut der Bevölkerung nahm drastisch zu.

Die in den 1950er-, 1960er- und 1970er-Jahren geflohenen Tutsi, die überwiegend in Uganda und Burundi lebten, hatten immer wieder ihre Rückkehr nach Ruanda gefordert. Dies war von der ruandischen Regierung jedoch stets mit dem Hinweis abgelehnt worden, das Land sei bereits völlig überbevölkert. In den späten 1980er-Jahren gründete eine Gruppe von Tutsi-Flüchtlingen die sogenannte „Ruandisch-Patriotische Front" (FPR). Diese griff am 1. Oktober 1990 Ruanda an, um die Rückkehr aller Exilanten nach Ruanda zu erzwingen. Daraus erwuchs ein Bürgerkrieg, der drei Jahre später mit dem Friedensvertrag von Arusha (Tansania) beendet wurde. Er sah die künftige Machtteilung zwischen der Regierung und der FPR sowie die Rückkehr aller Flüchtlinge nach Ruanda vor. Gleichzeitig wurden innenpolitische Reformen durchgesetzt, wie beispielsweise die Gründung politischer Parteien, um eine Demokratisierung des Landes einzuleiten.

Am 6. April 1994 wurde Staatspräsident Juvénal Habyarimana bei einem Flugzeugabsturz getötet. Unmittelbar darauf begannen in Kigali und später im ganzen Land entsetzliche Massaker, denen bis Juli 1994 mehr als 800.000 Menschen zum Opfer fielen. Mitglieder der Hutu-dominierten ruandischen Armee, Hutu-Extremisten sowie Todesschwadronen der Jugendmilizen ermordeten vor allem Angehörige der Tutsi-Bevölke-

rungsgruppe, aber auch oppositionelle Hutu. Im Juli 1994 erklärte die FPR nach der Eroberung Kigalis den Bürgerkrieg in Ruanda für beendet. Etwa 2 Millionen Menschen flohen in die Nachbarländer, vor allem nach Zaire, dem heutigen Kongo, und nach Tansania. Außerdem waren 2,5 Millionen Binnenflüchtlinge zu verzeichnen. Noch im Juli wurde eine neue Regierung auf der Grundlage des Arusha-Abkommens konstituiert, der neben der FPR weitere Parteien angehörten. Staatspräsident wurde Pasteur Bizimungu (FPR), Generalmajor Paul Kagame (FPR) wurde Vizepräsident und Verteidigungsminister.

Die Aufarbeitung des Genozids gestaltete sich sehr schwierig, da der Justizapparat durch den Bürgerkrieg und den Genozid völlig zusammengebrochen war. Dies führte zu extrem überfüllten Gefängnissen, in denen die Gefangenen zum Teil mehrere Jahre auf ihren Prozess warten mussten. In Schnellverfahren wurden mit ausländischer Hilfe viele Ermittler, Staatsanwälte, Richter und Anwälte ausgebildet, sodass Ende 1996 die ersten Prozesse nach dem neuen ruandischen „Gesetz zur Aburteilung von Verbrechen gegen die Menschlichkeit" begannen. Bereits im Dezember 1995 erhob ein Ruanda-Kriegsverbrechertribunal der UNO in Arusha erstmals Anklagen wegen Völkermord. Um die Vielzahl der Gefangenen aburteilen zu können, wurde die traditionelle Form der „Gacaca"-Verfahren wieder belebt, die Anklagen minderer Schwere behandelt. Die im Januar 2005 begonnene Hauptphase der „Gacaca"-Prozesse ist inzwischen beendet.

Sport für Entwicklung und Frieden

Angesichts des Bürgerkrieges und des anschließenden Völkermordes war auch die Partnerschaft mit Rheinland-Pfalz auf eine Probe gestellt – sie überstand zum Glück die schrecklichen Ereignisse und dauert erfolgreich an. Dies ist vor allem das Verdienst der Bürger und Bürgerinnen, der Menschen in beiden Ländern, die ihre Aktivitäten und gegenseitigen Unterstützungen fortführten und fortführen. Und dabei spielte und spielt auch der Sport immer wieder eine Rolle – und zwar ganz im Sinne der Zielsetzung der Vereinten Nationen.

Sport für Entwicklung und Frieden bezieht sich auf den gezielten Einsatz von Sport, körperlicher Aktivität und Spiel, um wesentliche Entwicklungs- und Friedensziele zu erreichen, vor allem die Millennium-Entwicklungsziele der Vereinten Nationen. Erfolgreiche Entwicklungs- und Friedensprogramme auf der Basis von Sport haben das Ziel, dass die Rechte aller Menschen, an Sport- und Freizeitaktivitäten teilnehmen zu können, umgesetzt werden. In diesen wirksamen Programmen haben Entwicklungsziele den Vorrang.

Solche Programme beinhalten die besten Werte des Sportes und lassen alle Menschen teilhaben, während sie die Qualität von sportlichen Erfahrungen aufrechterhalten. Diese Programme kombinieren Sport und Spiel mit nicht sportlichen Komponenten, um ihre Wirkung zu verstärken, und sie erfolgen in Zusammenarbeit mit anderen lokalen, regionalen und nationalen Entwicklungs- und Friedensinitiativen.

Die lokalen Teilnehmer und ihre Gemeinschaften wirken bei der Gestaltung und Ausführung der Programmaktivitäten mit und sollen dadurch gestärkt werden. Sie bauen Kapazitäten auf, befolgen allgemein anerkannte Prinzipien von Transparenz und Verantwortung und streben durch Zusammenarbeit, Partnerschaften und koordinierte Aktionen Nachhaltigkeit an. Sport allein kann keinen Frieden sichern oder komplexe soziale Probleme lösen, ist aber ein sehr effizientes Werkzeug. Im Hinblick auf optimale Ergebnisse sollte Sport mit anderen Interventionen und Entwicklungsprogrammen zusammen eingesetzt werden, ganzheitlich und integriert in eine Reihe von Entwicklungsinitiativen.

Partnerschaft wirkt vielfältig

Im Rahmen der vielen Schulpartnerschaften wird die Schulsituation in Ruanda nachhaltig verbessert: Neubauten und Renovierungen, die Ausstattung mit Möbeln und die Anschaffung von Unterrichtsmaterialien werden mit dem Engagement rheinland-pfälzischer Schulen realisiert. Auch die persönlichen Kontakte zwischen Kindern und Jugendlichen sowie zwischen Lehrern und Schulleitungen aus Rheinland-Pfalz und Ruanda werden gefördert.

Die berufliche Bildung ist ein wichtiger Faktor bei der Ausbildung der Ruanderinnen und Ruander. Nur mit der geeigneten beruflichen Bildung ist es möglich, qualifizierte Facharbeiterinnen und Facharbeiter auszubilden, die für die wirtschaftliche Entwicklung Ruandas eine enorm große Rolle spielen. Die Partnerschaft bemüht sich zudem, das Partnerland auf dem Weg zur dualen Ausbildung zu unterstützen.

Menschen mit Behinderungen als wichtige Akteure in die Partnerschaft einzubringen und so die Zusammenarbeit zwischen Rheinland-Pfalz und Ruanda weiter zu vertiefen, ist ein relativ neuer Schwerpunkt der Partnerschaft.

Es gibt immer mehr Projekte zur Gewinnung erneuerbarer Energien und zum Voranbringen des Umweltschutzes. Selbstverständlich unterstützen wir auch diese zukunftsweisenden Projekte. Die rheinland-pfälzische Wirtschaft wird in unsere Partnerschaft mit einbezogen, um die Entwicklung in Ruanda noch weiter voranzutreiben.

Auch in den Bereichen Kunst, Kultur und Sport engagiert sich die Partnerschaft zunehmend. Sie wirken als Brücke der Verständigung und fördern die Zusammenarbeit mit und zwischen den Partnern. Durch die vielen Begegnungsreisen in den vergangenen Jahren konnten vor allem junge Menschen die jeweils andere Kultur kennenlernen und voneinander profitieren: Kinder und Jugendliche bilden die Basis für die Zukunft der Partnerschaft.

Die rheinland-pfälzische Landesregierung versteht sich als Partner, der die entwicklungspolitisch engagierten Kräfte bei uns fördert und eng mit den Akteuren und Initiativen aus der Zivilgesellschaft, Politik, Kirche, Wirtschaft, Gesundheit, Bildung, Kultur und Sport kooperiert.

LSB prägt die Sportförderung

In der Partnerschaft Rheinland-Pfalz – Ruanda erfolgt die Zusammenarbeit im Sportbereich auf rheinland-pfälzischer Seite im Wesentlichen über den Landessportbund Rheinland-Pfalz (LSB). Dessen Aktivitäten finden bei der ruandischen Bevölkerung sehr großes Interesse. Im Vordergrund der Arbeit des LSB in Ruanda steht seit der Gründung der Partnerschaft die Sportförderung auf der Ebene des Breitensports. Hier wird ein wichtiges

Element der Partnerschaft verwirklicht und die Kommunikation zwischen den Partnern gefördert. Breitensport als sinnvolle Nutzung der Freizeit bietet den Jugendlichen fast die einzige Möglichkeit für Erfolgserlebnisse und Lebensfreude.

Die Möglichkeiten des Vereinssports, wie wir sie in Deutschland kennen, sind in Ruanda nur in Ansätzen vorhanden. Es fehlt überall im Land an qualifizierten Übungsleitern, Sportmaterial und Sportstätten, um den rund 4,5 Millionen Jugendlichen unter 15 Jahren Freizeitmöglichkeiten zu bieten, Lebensfreude und Lebensmut zu vermitteln. Der Breitensport hilft auch, Resignation zu überwinden und den allgemeinen Gesundheitszustand zu verbessern. Das wurde auch frühzeitig von der ruandischen Regierung erkannt, die seit Beginn der Partnerschaft die Entwicklung einer Sportinfrastruktur im Land unterstützt hat, mit dem Ziel, alle Gemeinden in Ruanda einzubeziehen.

Wie bereits festgestellt, bietet der Sport Möglichkeiten, faire, friedvolle und demokratische Umgangsformen zu erlernen und zu erfahren. Dabei wurde nach dem Genozid von 1994 auch versucht, durch den Sport einen Beitrag zur Versöhnung der beiden Volksgruppen zu leisten. In den vergangenen Jahren griff der LSB das Thema auf. In den vergangenen drei Jahren wurden ruandische Sekundarschullehrer darin geschult, welche Rolle der Sport im Umgang mit Konflikten im Alltag spielen kann. Der Workshop besteht aus theoretischen und praktischen Einheiten.

Neben dem Breitensport wird aber auch der Behindertensport, der auch durch den Behindertensportverband Rheinland-Pfalz mit einer offiziellen Partnerschaft unterstützt wird, besonders gefördert. Insgesamt konnte bislang eine Vielzahl von Projekten realisiert werden. So wurden mehrere Primarschulen und Jugendzentren durch die Lieferung umfangreicher Sportausrüstung unterstützt. Darüber hinaus wurden in Zusammenarbeit mit dem LSB mehrere Mehrzwecksportfelder in ruandischen Gemeinden und Schulen gebaut. Ferner vermittelte der LSB ruandischen Stipendiaten Auslandstrainerausbildungen des deutschen Leichtathletikverbandes in Mainz (einjährige Ausbildung zum Diplom-Leichtathletiktrainer). Zudem fanden Lehrgänge für Fußballtraining mit Kindern und Jugendlichen sowie zwei Lehrgänge für Trainer im Behindertensport in Ruanda statt.

Der Fußball- und Kulturverein Rheinland-Pfalz (FKV) wurde 2006 vom Deutschen Fußballbund (DFB) beauftragt, das Projekt „Fußball in Ruanda" zu betreuen. Ende Dezember 2006 kam es in Frankfurt zum Abschluss eines partnerschaftlichen Vertrages zwischen dem DFB und dem ruandischen Fußballverband FERWAFA, der zwischenzeitlich beendet wurde. Die Kooperation beider Verbände erstreckte sich auf die technische Entwicklung, die administrative Zusammenarbeit, die Förderung der ruandischen U18-Nationalmannschaft, die Förderung des Frauen- und Mädchenfußballs in Ruanda sowie die allgemeine Talentförderung.

„Sport für den Frieden"

„Du kannst keinen Frieden vermitteln, wenn du nicht selbst mit dir im Frieden bist." Nach diesem Motto arbeitet das Projekt „Sport für den Frieden" („Sports for Peace") des Landessportbundes in Kooperation mit dem Land Rheinland-Pfalz. Seit 2012 nehmen jährlich etwa 20 Sportlehrerinnen und -lehrer aus Partnerschulen im ganzen Land an der vom Landessportbund und von der Landesregierung Rheinland-Pfalz finanzierten Fortbildung teil. Ziel des Workshops ist es, zu erlernen, Frieden durch Sport zu vermitteln. Jugendliche in Ruanda sind einer Vielzahl sozialer und ökonomischer Probleme ausgesetzt: instabile familiäre Verhältnisse, hohe Jugendarbeitslosigkeit, Alkohol und nicht zuletzt die „normalen" Probleme der Pubertät. Ein Mittel, um diesen Herausforderungen zu begegnen, ist, den Sport als Ventil einzusetzen.

In den sechs Tagen des Kurses werden die Lehrer als Multiplikatoren ausgebildet. Sie sollen anschließend in der Lage sein, an ihren Schulen Sport als sinnvolles Mittel zur Konfliktlösung und -prävention einzusetzen. Der Workshop enthält sowohl praktische als auch theoretische Elemente, die durch die rheinland-pfälzischen Trainer vermittelt werden. Zudem werden Einführungen in verschiedene Methoden der Friedensarbeit wie der conflict tree, alternatives to violence und cineduc gegeben. Dabei werden die Trainer zum Teil durch lokale Organisationen, die im Bereich der Friedens- und Jugendarbeit tätig sind, unterstützt. Der Workshop mündet samstags in einem Spielefestival, bei dem die Trainees das Erlernte erstmals praktisch umsetzen können.

Nach Abschluss des Seminars erhalten die Sekundarschullehrerinnen und -lehrer ein entsprechendes Zertifikat. Die teilnehmenden Lehrer kommen aus den unterschiedlichsten Regionen Ruandas, sodass über die Lehrkräfte als Multiplikatoren junge Menschen im ganzen Land erreicht werden können. Das Friedensprojekt ist ein schönes Beispiel für den Erfolg unserer Partnerschaft. Initiiert wurde das Projekt vom Landessportbund Rheinland-Pfalz, der sich seit mehr als drei Jahrzehnten in Ruanda engagiert.

Gesamtgesellschaftliche Verantwortung

Der soziale Hintergrund des Sports ist unumstritten. Sport dient der Gesundheit und Wirtschaft, der Integration und Bildung sowie dem Frieden und der Befriedung – kurzum: Sport dient der Gesellschaft. Sportpolitik ist also Gesellschaftspolitik. Sportförderung ist eine gesellschaftspolitische Aufgabe, jedoch nicht alleinige der Politik und des Staates. Sie ist auch nicht allein Sache der Schulen, Hochschulen und/oder der Vereine und Verbände. Sie ist Aufgabe vieler, eben eine gesamtgesellschaftliche Verantwortung, weil der Sport eine tragende Säule unserer Gesellschaft ist. Rheinland-Pfalz versteht sich als Partner des Sports.

Sport überwindet Grenzen nationaler, kultureller, sozioökonomischer und politischer Art und macht – bei richtiger Verwendung – Teilnehmenden und Zuschauenden gleichermaßen Spaß. Sport kann praktisch in jeder Gemeinschaft auf der ganzen Welt eingesetzt werden. In den bereits erwähnten Millennium-Entwicklungszielen ist formuliert: „Entwicklungs- und Friedensbemühungen, die auf Sport gründen, beschleunigen globale Partnerschaften und bauen weltweit Netzwerke aus zwischen Regierungen, Geldgebern, Nichtregierungsorganisationen und Sportorganisationen." Die Zusammenarbeit zwischen Rheinland-Pfalz und Ruanda im Bereich des Sports ist Beleg für diese These.

Ich wünsche Ruanda und Rheinland-Pfalz, dass das große Engagement der Bevölkerung auf beiden Seiten der Partnerschaft auch in Zukunft anhält und noch gestärkt wird – in allen Bereichen und natürlich im Sport.

Die Menschen leisten damit einen Beitrag zum Frieden. Mehr kann eine Partnerschaft nicht erreichen.

DER DEUTSCHE FUSSBALLBUND (DFB) UND SEIN ENGAGEMENT IN DER ENTWICKLUNGSZUSAMMENARBEIT

von Reinhard Grindel

Einleitung

Im Rahmen des Sektorvorhabens „Sport für Entwicklung" kooperiert der Deutsche Fußball-Bund mit dem Bundesministerium für wirtschaftliche Zusammenarbeit und Entwicklung (BMZ) und der deutschen Entwicklungszusammenarbeit (EZ).

Die Bundesregierung sieht in der Förderung von „Sport für Entwicklung" einen wichtigen Beitrag zur Umsetzung relevanter Entwicklungsvorhaben: So kann Sport als Mittel für Frieden und Entwicklung einen wichtigen Beitrag zur Erreichung der Nachhaltigkeitsziele der Vereinten Nationen leisten. Sie hat das Vorhaben deshalb in ihre politische Agenda integriert. Seit annähernd 30 Jahren fördert die deutsche Entwicklungspolitik Sportprojekte. Es geht darum, Menschen zu mobilisieren, zu sensibilisieren und sie sozial und wirtschaftlich zu integrieren.

Der DFB sieht sich in der Verantwortung, mit Fußball einen Teil zu diesem Vorhaben beizutragen. Dass der Fußball keinen Unterschied zwischen Kulturen, Religionen und Sprachen macht, ist Teil seiner Stärke und Faszination. Er bringt ein wenig Leichtigkeit in den Alltag und kann verschiedene Menschen spielerisch zusammenbringen.

Entwicklungspolitisches Engagement des DFB

Zusammen mit dem BMZ und der deutschen EZ hat sich der DFB in den letzten Jahren in den nachfolgenden Pilotländern engagiert:

Afghanistan

Zusammen mit dem afghanischen Fußball-Verband, dem afghanischen Bildungsministerium und weiteren nationalen Sportverbänden konnten in Kabul und weiteren Provinzen im Norden Afghanistans Mädchen und junge Frauen durch Sportangebote/sportpädagogische Angebote in Schulen gefördert werden.

Trotz großer Nachfrage besteht für afghanische Mädchen und junge Frauen nach wie vor im Schulsport die einzige Möglichkeit, sich sportlich zu betätigen. Das BMZ-geförderte Vorhaben „Förderung der Grundbildung in Afghanistan" (BEPA) hat sich daher als geeigneter Anknüpfungspunkt für die Pilotmaßnahme herauskristallisiert. Neben dem Engagement des afghanischen Fußball-Verbandes erhält das Vorhaben große Unterstützung von der Sportabteilung des afghanischen Bildungsministeriums. Dieses hat bereits großes Interesse an den geplanten Qualifizierungsmaßnahmen zur Umsetzung von Sportangeboten für weibliche Lehrkräfte signalisiert.

Ziel war es, mit den lokalen Partnern gemeinsam Lehrer und Lehrerinnen auszubilden, die mit dem neu erworbenen Wissen Sportunterricht an Schulen (insbesondere für Mädchen) durchführen können. Der Fokus lag hierbei auf den in Afghanistan bei Mädchen beliebten Sportarten wie Volleyball und Fußball.

Zunächst wurde in Zusammenarbeit mit den Partnern ein Konzept zur Förderung des Schulsports in Afghanistan entwickelt. Dieses Konzept wurde anschließend an einigen Schulen der nördlichen Provinzen des Landes sowie in ein bis zwei Schulen in der Hauptstadt Kabul als Pilotprojekt umgesetzt. Damit soll sich an diesen Schulen das Sportangebot deutlich verbessern. Begleitend wurden Materialien zum Thema „Sport für Entwicklung" erarbeitet und veröffentlicht, und der erste gemeinsame Workshop mit allen Partnern unter Einbezug von lokalen Lehrern und Lehrerinnen

Anfang 2014 verlief für alle Beteiligten ausgesprochen gewinnbringend. Die Aktivitäten wurden insbesondere durch den DFB-Auslandsexperten Ali Askar Lali unterstützt.

Brasilien

Mit öffentlichen brasilianischen Partnern und lokalen Nichtregierungsorganisationen (NRO), z. B. „Bola pra Frente", konnten in den letzten zwei Jahren qualifizierte Sportangebote in Brasilien gefördert werden. Schwerpunktthemen waren hier vor allem Gewaltprävention und Sportpädagogik.

Die deutsche EZ entwickelte gemeinsam mit dem DFB und in Kooperation mit lokalen Partnern relevante Ausbildungsprogramme. Aufbauend auf den Erfahrungen aus Deutschland, Südafrika und der Ukraine sollten in Brasilien Ausbildungsprogramme geschaffen werden, die das bisherige EZ-Programm „Fußball für Entwicklung" ergänzen.

Durch die Maßnahme konnte auf verschiedene Weise ein Beitrag für nachhaltige Entwicklung geleistet werden: als wichtiges Element formaler und non-formaler Bildungsförderung sowie als Beitrag zu einer gesunden Lebensführung. Dies lernten die ausgebildeten Trainerinnen und Trainer unter besonderer Berücksichtigung der Vermittlung sozialer Kompetenzen und der gesellschaftlichen Werte des Sports. Die Trainerinnen und Trainer stellten wiederum qualifizierte Sportangebote für Kinder und Jugendliche bereit, die dabei etwas über Fairness und Toleranz lernten. Der Schwerpunkt des Projekts zur Umsetzung der Ziele lag hierbei auf Schulen in benachteiligten Wohngebieten und solchen im „offenen" Bereich, die den täglichen Unterricht begleiteten.

In Zusammenarbeit mit der NRO „Bola pra Frente" wurden Trainerinnen und Trainer sowie Lehrerinnen und Lehrer in verschiedenen Regionen des Landes ausgebildet. Im Rahmen der FIFA WM 2014™ konzentrierte sich das Programm zunächst auf den Fußball und richtete sich insbesondere an Mädchen.

Ein DFB-Experte wurde als Entwicklungshelfer nach Rio de Janeiro entsandt und nahm Ende September 2013 seine Tätigkeit bei „Bola pra Frente" auf. Die NRO erhielt überdies einen Zuschuss, um zusätzlich einen lokalen Experten einzustellen. Eine weitere kleinere NRO in unmittelbarer Nähe des Maracanã-Stadions wurde unterstützt, damit sie lokales Personal einstellen, regionale Fußballturniere veranstalten und einfache Sanierungsmaßnahmen finanzieren konnte. Während der WM 2014 in Brasilien fanden in enger Kooperation mit dem DFB und lokalen Partnern Sportcamps und Festivals an verschiedenen Standorten in Brasilien statt.

Kolumbien

In Buenaventura hat der DFB von Mitte 2014 bis Ende 2015 ein Projekt zur Friedensentwicklung und Gewaltprävention durch Sport durchgeführt.
Die deutsche EZ unterstützt Kolumbien auf verschiedenen Ebenen durch die Programme der Technischen Zusammenarbeit (TZ). Zu diesen zählen „Friedensentwicklung durch Förderung der Zusammenarbeit zwischen Staat und Zivilgesellschaft" (CERCAPAZ) und „Prävention der Rekrutierung von Minderjährigen (Kindersoldaten) in Kolumbien" (KISO). Damit leistet die deutsche EZ einen Beitrag zur Stärkung des Friedenswillens und der Vorbeugung von Krisen im Land. Die kolumbianische Regierung nutzt den Ansatz „Sport für Entwicklung" (SfE) in verschiedenen Regierungsprogrammen. Hervorzuheben ist insbesondere das Programm „Colombia Joven" des Präsidialamtes, das im ganzen Land mit dem methodischen Ansatz „Fußball für den Frieden" als Instrument zur Friedensentwicklung arbeitet.
Die wissenschaftliche Auswertung von Programmen und Erfahrungen verschiedener Ansätze aus dem Themenfeld SfE sollen für die Konzeption weiterer Vorhaben in der Region nutzbar gemacht werden. Darüber hinaus ging es um die Qualitätsverbesserung bestehender Maßnahmen – insbesondere im Schul- und Breitensport – durch Vernetzung und Beratungsleistungen.
Auf Grundlage der Erfahrungen und Methodik anderer Akteure in Kolumbien sowie einer systemischen Vernetzung mit relevanten Akteuren (Sportministerium, Sportverbände etc.) wurden Qualifizierungsmaßnahmen entwickelt, um eine deutliche Verbesserung der sportpädagogischen Qualität zu bewirken. Darüber hinaus sollten die vorhandenen Erfahrungen in

Kolumbien wissenschaftlich aufgearbeitet und für andere Programme der Friedensentwicklung und Gewaltprävention auch außerhalb Kolumbiens nutzbar gemacht werden. Ziel war es, ein qualitativ hochwertiges Modell der Nutzung von Sport in der Friedensentwicklung in einer Konfliktregion zu schaffen.

Mosambik

Zusammen mit dem Bayerischen Fußball-Verband (BFV) und der Associação Desportiva de Albazine (ADA) konnte in Maputo, Albazine und Umgebung zur Stärkung der Methodenkompetenz sowie Organisations- und Strukturentwicklung bei Partnerorganisationen beigetragen werden. Schwerpunktthemen waren HIV-Prävention, Verbesserung von Vereins- und Verbandsführung und Stärkung zivilgesellschaftlicher Strukturen.

Im Rahmen der nationalen HIV-Strategien ging es darum, die Anzahl an Neuinfektionen unter Jugendlichen und die Auswirkungen der HIV-Pandemie zu reduzieren. Die Deutsche Entwicklungszusammenarbeit (EZ) unterstützte den Ansatz und implementierte das Projekt „Youth Development through Football" (YDF). In monatlich stattfindenden Tagesseminaren wurden die YDF-Trainer zu bestimmten Themen (wie u. a. HIV, Gender, Umwelt etc.) ausgebildet und in der kind- und jugendgerechten Umsetzung geschult.

Zudem wurden in einem Pilotprojekt im Stadtteil Maputo-Albazine (u. a. gefördert durch den BFV) Fußballtrainer und Fußballtrainerinnen auf dem Niveau der Basislizenz des mosambikanischen Fußballverbandes (FMF) ausgebildet. Sie integrierten „Life-Skills-Sessions" in die Fußballtrainings und -turniere ihrer Teams und unterstützten so die soziale und gesundheitliche Entwicklung der Kinder und Jugendlichen. Neben wöchentlich stattfindenden Trainings wurden einmal im Monat sogenannte „Festas de Futebol" in Albazine organisiert, die unter Teilnahme von bis zu 200 Kindern und Jugendlichen das Fußballspielen mit gesundheitlicher Aufklärung verbanden.

Die Ziele des Projektes waren vielfältig: Es sollte dazu beitragen, die Methodenkompetenz, Organisations- und Strukturentwicklung bei

Partnerorganisationen in Maputo-Albazine und an weiteren Standorten zu stärken. Das bedeutet insbesondere, Unterstützung zu leisten zur Förderung der Zivilgesellschaft („Teilhabe") sowie demokratischer Prozesse. Zusätzlich sollten durch ein sportpädagogisches Programm die Themen HIV-Prävention und Life-Skills-Training realisiert werden.

Namibia

In Windhuk und der Ohangwena-Region konnte bis Ende 2015 in Zusammenarbeit mit dem Namibischen Fußball-Verband (NFA), dem Fußball- und Leichtathletik-Verband Westfalen (FLVW) und dem Ministry of Youth, National Service, Sport and Culture (MYNSSC) ein Projekt umgesetzt werden, das die Schwerpunktthemen Förderung von Mädchen und Frauen, Zugang zu Bildungsangeboten, HIV-Prävention, Gesundheitsförderung und Gewaltprävention beinhaltete.

Das Projekt hatte das Ziel, einen Beitrag zur Verbesserung der Stellung von Mädchen und jungen Frauen in der namibischen Gesellschaft zu leisten. Die speziellen sportpädagogischen Programme, kombiniert mit Maßnahmen zur HIV- und Gewaltprävention, stärkten ihr Selbstvertrauen und ihre körperliche Verfassung. Über den Sport hinaus sollten sie Zugang zu Bildungsangeboten bekommen, die ihnen bisher verwehrt blieben, um dadurch neue berufliche Perspektiven entwickeln zu können.

Das Vorhaben gliederte sich in zwei Teile. Zum einen ging es um den Aufbau eines sportpädagogischen Programms für Mädchen und junge Frauen. Zum anderen wurde der Bau eines Gemeinde- und Schutzzentrums auf dem Gelände des lokalen Partners (der NFA) insbesondere für Mädchen und junge Frauen gefördert. Die Fertigstellung erfolgte im März 2016. Dadurch entstand für die Mädchen ein sicherer Raum, in dem sie sich angstfrei bewegen, begegnen und entwickeln können. Das Projekt ist in Windhuk und in der Ohangwena-Region etabliert.

Entwicklungspolitisches Engagement des DFB im internationalen Flüchtlingskontext

Weltweit gibt es mehr als 65 Millionen Flüchtlinge. 86 % aller Flüchtlinge leben in Entwicklungsländern, die mit den wirtschaftlichen und sozialen Folgen der Flüchtlingsbewegung überfordert sind, da sie meist selbst von Konflikten und Fragilität betroffen sind. Dies führt wiederum zu Konflikten zwischen der lokalen Bevölkerung und Flüchtlingen.

Derzeit ist Syrien, gefolgt von Afghanistan, primäres Herkunftsland von Flüchtlingen. Der dort seit vier Jahren andauernde Konflikt verstärkt die Krise in den angrenzenden Nachbarländern. Im Jahr 2014 wurde aufgrund des Syrienkonflikts die Türkei mit rund 1,6 Millionen aufgenommenen Flüchtlingen zum größten Flüchtlingsaufnahmeland. Im Verhältnis zur Bevölkerung haben Jordanien und Libanon jeweils noch mehr Flüchtlinge aufgenommen.

Jordanien

Aktuell beherbergt Jordanien mehr als 664.100 gefährdete syrische Flüchtlinge. Ca. 80 % der Flüchtlinge leben außerhalb der jordanischen Flüchtlingscamps (Zaatari, Azraq) in den aufnehmenden Gemeinden Jordaniens. Eine zentrale Herausforderung in den aufnehmenden Gemeinden ist neben der Grund- und Gesundheitsversorgung die Gewährleistung qualitativer Bildungsangebote für Kinder und Jugendliche. 59 % der syrischen Flüchtlingskinder gehen zur Schule. In ungefähr 100 „Doppelschichtschulen" werden meist Mädchen und Jungen, syrische und jordanische Kinder und Jugendliche getrennt voneinander unterrichtet. Durch die Trennung entsteht in den aufnehmenden Gemeinden mittelfristig ein Konfliktpotenzial, dem durch Austausch und Dialog der unterschiedlichen Gruppen über gemeinsame Sport- und Bewegungsangebote entgegengewirkt werden soll.

Grundlage dafür ist die Idee, Fußball und Bewegungsangebote an Doppelschichtschulen in den aufnehmenden Gemeinden einzurichten, die Begegnungsmöglichkeiten zwischen syrischen und jordanischen Kindern und Jugendlichen schaffen. Das Angebot soll sich kontext- und bedarfsorientiert gleichermaßen an Mädchen und Jungen richten. Ein besonderes Augenmerk erhalten bildungsbezogene und konfliktvorbeugende Angebote durch Fußball. Gleichzeitig ist es geplant, (Sport-)Lehrerinnen und Lehrer für diese Thematik zu sensibilisieren und fachlich zu unterstützen. Eine langfristige Überführung der entwickelten Ansätze in das Fußball-Verbands- und/oder Schulcurriculum ist denkbar.

In Kooperation mit der deutschen EZ ist aktuell der Auslandsexperte Ulrich Klar vor Ort und arbeitet an der Umsetzung des Projekts.

SPORT ALS EFFEKTIVES MITTEL ZUR ERREICHUNG VON FRIEDENS- UND ENTWICKLUNGSZIELEN

von Willi Lemke

Die Entwicklungsprobleme, mit welchen sich die Menschheit konfrontiert sieht, sind heutzutage sehr komplex und werden durch den steigenden Einfluss der Globalisierung weiter verstärkt. Die durch langwierige Konflikte ausgelöste Vertreibung von Millionen von Menschen verursacht einen erheblichen Dominoeffekt, der sich auf ihre physischen, wirtschaftlichen und sozialen Grundbedürfnisse auswirkt. Armut in all ihren Formen bleibt eine der größten Herausforderungen auf dieser Welt, und obwohl die Zahl der in extremer Armut lebenden Menschen von 1,9 Milliarden im Jahr 1990 auf 836 Millionen im Jahr 2015 um über die Hälfte gesunken ist, sind es weiterhin viel zu viele Menschen, die um grundlegendste menschliche Bedürfnisse kämpfen müssen. Laut des Entwicklungsprogramms der Vereinten Nationen (UNDP) leben immer noch mehr als 800 Millionen Menschen mit weniger als 1,25 US$ pro Tag und ohne Zugang zu sauberem Trinkwasser.

Chronische und schwere Krankheiten gehören zu den Hauptgründen, welche Haushalte in Armut und Not treiben. Aids ist die häufigste Todesursache von jungen Erwachsenen in Subsahara-Afrika, während das UNDP berichtet, dass nicht übertragbare Krankheiten zu 63 Prozent aller Todesfälle weltweit führen. Große Anstrengungen wurden unternommen, um vermeidbare Kindertodesfälle zu reduzieren – dennoch steigt die Rate von HIV-Neuinfektionen in schwer zugänglichen Gegenden, was Ausgrenzung und Benachteiligung der Menschen zur Folge hat.

Diese Ausgrenzung und Ungleichheit kennzeichnen ein weiteres zunehmendes und globales Entwicklungsproblem, insbesondere für Minderheiten, Frauen und Menschen mit Behinderungen. Diskriminierende Gesetzgebung und Denkweisen schränken zahlreiche Personengruppen in ihren Menschenrechten ein. Der Internationale Währungsfonds (IWF) berichtet, dass die Einkommensungleichheit ebenfalls ansteigt, wobei die Reichsten 10 bis 40 Prozent des gesamten globalen Einkommens verdienen. Stigmata müssen beseitigt und die Gleichstellung der Geschlechter gefördert werden, damit dieses Gefälle reduziert und eine nachhaltige Entwicklung beschleunigt werden kann.

Frieden, Stabilität und Menschenrechte sind äußerst wichtige Elemente für eine nachhaltige Entwicklung. Wir leben in einer Welt, die zunehmend gespalten wird, und während einige Länder für längere Zeit Frieden und Wohlstand genießen, werden andere mit endlosen Konflikten und Gewalt konfrontiert. Kämpfe verursachen Unsicherheit und haben eine zerstörerische Kraft auf die Entwicklung eines Landes. Wir müssen Maßnahmen ergreifen, jene zu beschützen, die am meisten gefährdet sind.

Der Sport kann dabei eine sinnvolle Funktion einnehmen, um mithilfe seines anerkannten, bedeutenden und nachhaltigen Einflusses zur Lösung dieser Probleme auf globaler Ebene beizutragen. Historisch gesehen hat Sport immer eine wichtige Rolle innerhalb verschiedener Kulturen und Gesellschaften gespielt – in Form von Leistungssport, körperlicher Aktivität oder allgemeinem Spiel. Der Sport besitzt eine universelle Popularität, die sich bis in jede Ecke dieser Welt erstreckt, mit bereichernden und unterhaltsamen Aspekten, die er für seine Teilnehmer, Zuschauer und Organisatoren bereithält. Diese Popularität wird besonders bei Sportgroßveranstaltungen offensichtlich. Im Jahr 2006 haben geschätzte 715,1 Millionen Menschen das Finale der FIFA Weltmeisterschaft (FIFA.com) angeschaut. Derweil wurden 7,5 Millionen Zuschauertickets für die Olympischen Spiele 2016 in Rio zur Verfügung gestellt (Rio2016.com). Sport besitzt die Fähigkeit, Menschen zu verbinden, ungeachtet sozialer, kultureller oder politischer Hintergründe. Die Popularität und globale Reichweite des Sports bietet ein unglaublich großes Kommunikationspotenzial zur Förderung der öffentlichen Bildung und der gesellschaftlichen Teilhabe. Die inhärenten Werte des Sports wie Teamwork, Kooperation, Fair Play und Respekt können weltweit über die Medien und sportliche Vorbilder an Millionen von Menschen vermittelt und mithilfe sportlicher und körperlicher Aktivität von Jung und Alt erlernt und verinnerlicht werden.

Sport ist ein vielseitiges und flexibles Entwicklungsinstrument mit dem Potenzial, ein breites Spektrum an sozialen und wirtschaftlichen Problemen ansprechen zu können. Er stärkt, motiviert und inspiriert Menschen dazu, an sich und ihre Fähigkeiten zu glauben und ihre Leistungen hervorzuheben. Sportprogramme auf lokaler, nationaler und internationaler Ebene geben Menschen jeden Alters die Möglichkeit, dies zu tun – denn Sport ist integrativ und grenzenlos.

Als anerkannter Wegbereiter für nachhaltige Entwicklung nimmt der Sport eine Schlüsselrolle zur Umsetzung der Agenda-2030 für Nachhaltige Entwicklung der Vereinten Nationen und der damit verbundenen neuen Ziele für nachhaltige Entwicklung ein, auf die im letzten Teil dieses Kapitels näher eingegangen wird.

Sport vermittelt Sozial-, Berufs- und Lebenskompetenzen, die, angewandt in der Praxis, das Wohlbefinden, die Produktivität und die Belastbarkeit stärken und somit zur Armutsbekämpfung beisteuern. Sport ermöglicht es, die Stigmatisierung von Armut zu reduzieren, sodass Selbstwertgefühl, Selbstvertrauen und Sozialkompetenz sowie die Berufsaussichten von Menschen erhöht werden. Jugendcamps, Workshops und andere Projekte mit Sport als integralem Schwerpunkt der Partizipation können genau dazu beitragen.

Ein ähnlicher sportbezogener Lernansatz kann genutzt werden, um das Bewusstsein für einen aktiven Lebensstil zur Prävention von Krankheiten zu stärken. Obwohl signifikante Fortschritte in der Steigerung der Lebenserwartung und der Reduzierung der häufigsten Todesursachen bezüglich der Kinder- und Müttersterblichkeit erzielt wurden, gehören Krankheiten weiterhin zu den Hauptgründen wirtschaftlichen und sozialen Elends für Haushalte in den Entwicklungsländern. Ein aktiver Lebensstil mindert die Wahrscheinlichkeit von chronischen und kardiovaskulären Krankheiten, und eine aktive sportliche Teilnahme begünstigt die allgemeine physische, psychische und soziale Gesundheit. Die Weltgesundheitsorganisation (WHO) hebt hervor, dass der Sport bei Menschen mit Depressionen oder Angstzuständen positive Effekte erzielen kann. Mittels Sport können Kindern die lebenslangen Vorteile körperlicher Aktivität vermittelt werden. Ebenso kann mithilfe der Anziehungskraft des Sports in Form von außerschulischen Bildungsprogrammen ein alternativer Bildungsweg für jene zur Verfügung gestellt werden, denen ein Zugang zum formalen Bildungssystem verwehrt bleibt. Auch spielt Sport eine essenzielle Rolle, um Gemeinden bei der Vermittlung von Themen der sexuellen und reproduktiven Gesundheit zu unterstützen. So nahm der Sport in der globalen Aufklärungskampagne des Projekts „Protect the Goals" des Gemeinsamen Programms der Vereinten Nationen zu HIV/AIDS (UNAIDS) eine Schlüsselkomponente ein.

Sport in seiner einfachsten Art fördert eine ausgeglichene Beteiligung und besitzt die Fähigkeit, Selbstwertgefühl und Selbstvertrauen zu erhöhen und unterrepräsentierte Gruppen zu stärken. Eine ganzheitliche, universelle Lösung ist notwendig, um gegen die global vorherrschende

Ungleichheit vorzugehen – dabei kann Sport eine wesentliche Rolle spielen. Durch integrative und auf diskriminierte Gruppen ausgerichtete Projekte und Programme ist Sport ein geeignetes Instrument zur Bekämpfung der Ungleichheit in der Bevölkerung. Der Sport ist dazu verpflichtet, Vorurteile und negative Einstellungen gegenüber Mädchen und Frauen infrage zu stellen und gleichzeitig ihre Fähigkeiten zu fördern, als Führungspersonen in ihren Gemeinden voranzuschreiten. Im Bewusstsein der täglichen Herausforderungen von Menschen mit Behinderungen muss der Sport sich aktiv für eine wachsende Barrierefreiheit und Gleichberechtigung hinsichtlich des Zugangs zu Sportanlagen – über das Vermächtnis von Sportgroßveranstaltungen, den Ausbau einer inklusiven Infrastruktur und die Befürwortung der Gesetzgebung – einbringen. Die Paralympischen Spiele von Beijing (2008) und Sochi (2014) sind Paradebeispiele dafür, dass die Infrastruktur weiter ausgebaut, Verbesserungen der Barrierefreiheit eingeleitet und Veränderungen der Denkweisen getätigt wurden. Die Gleichberechtigung der Geschlechter und die Inklusion von Menschen mit Behinderungen genießen weiterhin höchste Priorität innerhalb des Büros der Vereinten Nationen für Sport im Dienst von Entwicklung und Frieden (UNOSDP). Wir fühlen uns verpflichtet, jeglicher Art von Diskriminierung in der Welt mithilfe des Sports positiv entgegenzuwirken.

Ein wichtiger Punkt der Agenda 2030 für Nachhaltige Entwicklung bezieht sich auf den Rückgang sämtlicher Gewaltformen und die Zusammenarbeit mit Gemeinden zur Ausarbeitung langfristiger Lösungen von Konflikten und Unsicherheiten. Sport erreicht sozial ausgeschlossene oder verfeindete Gruppen und dient als sinnvolles Werkzeug der Konfliktvorbeugung und -lösung zur Förderung eines dauerhaften Friedens. Sport kann ein sicheres Umfeld auf Gemeindeebene schaffen, um verschiedene Teilnehmer zusammenzubringen und nach gemeinsamen Zielen zu streben. In unsicheren Zeiten und Konfliktsituationen bieten Sportaktivitäten eine Möglichkeit der Normalität und Entlastung, um der harten Realität zu entkommen.

Die Basis für eine effektive Verbesserung der globalen Entwicklung und Konfliktprävention liegt im Aufbau stabiler und eng miteinander verzahnter Partnerschaften. Die Welt ist stärker vernetzt als je zuvor, und Sport hat die Kraft, einflussreiche Netzwerke diverser Partner und Interessenvertreter mit dem Engagement für eine dauerhafte Entwicklung zusammenzubringen. Ein koordinierter und integrativer Ansatz ist hierbei notwendig, um systematisch die dringendsten globalen Probleme zu adressieren. Dies erfordert die Zusammenarbeit zwischen Regierungen, der Privatwirtschaft und der Zivilgesellschaft, welche auf gemeinsamen Prinzipien, Werten und Zielen beruhen muss.

Ein sehr gutes Beispiel für solch eine Koordination im Entwicklungs- und Friedenskontext ist mit Hinblick auf die Partnerschaft zwischen dem Internationalen Olympischen Komitee und den Vereinten Nationen zu finden. Der Olympische Friede, welcher regelmäßig während der Olympischen und Paralympischen Sommer- und Winterspiele eintritt, unterstreicht die friedensstiftende Rolle des Sports. Der Olympische Friede befürwortet die Aufnahme von Versöhnungsgesprächen zwischen den Konfliktparteien, indem günstige Rahmenbedingungen für Dialog und positive Diskussionen geschaffen werden. Er unterstützt diplomatische Konfliktlösungsansätze, während die friedvollen Wettkämpfe der Olympischen Spiele ins Zentrum des globalen Interesses gerückt werden.

Die Rolle des Sports im Dienst von Entwicklung und Frieden ist von wachsender Bedeutung, da der Sport angesichts der komplexen globalen Probleme als flexibles, einzigartiges und kosteneffizientes Instrument zu deren Bewältigung eingesetzt werden kann. Durch die wichtige Funktion des Sports in der Gesellschaft fungiert er als leistungsstarke Kommunikationsplattform, die zur Förderung einer Friedenskultur genutzt werden kann. Sport ist inklusiv und unterstützt aktiv eine gleichberechtigte, sichere und harmonische Existenz für jeden. Mithilfe starker Partnerschaften basierend auf einer gemeinsamen Vision sowie einem integrativen und kooperativen Ansatz können wir uns den Sport zunutze machen, um eine nachhaltige globale Entwicklung zu erreichen.

Wie der Sport für Entwicklung und Frieden in der Praxis genutzt wird

Nachdem im vorigen Abschnitt die Möglichkeiten des Sports für die nachhaltige Entwicklung sowie die Förderung des Friedens auf unserem Planeten aus einem eher theoretischen Blickwinkel beleuchtet wurden, möchte ich Ihnen im Folgenden anhand von zwei Beispielen aus der Praxis verdeutlichen, über welch unglaubliche Kräfte der Sport verfügt. Beide Beispiele haben mich über einen langen Zeitraum in meiner Arbeit als Sonderberater des Generalsekretärs der Vereinten Nationen für Sport im Dienst von Entwicklung und Frieden begleitet.

Zunächst möchte ich meine Erfahrungen aus dem kenianischen Laikipia mit Ihnen teilen. Laikipia ist ein County im zentralkenianischen Hochland mit rund 400.000 Einwohnern. Die Menschen leben zumeist von der Viehzucht oder vom Anbau von Mais, Getreide und Gemüse. Seit Mitte der 90er-Jahre wurde die Region von mehreren Dürreperioden heimgesucht, welche die Armut der Einwohner noch verschlimmert haben. An den wenigen fruchtbaren Stellen haben sich die meisten Einwohner niedergelassen, was die natürlichen Ressourcen und die Umwelt sehr belastet. Ferner lebt im Laikipia County eine Vielzahl unterschiedlicher Gemeinden und ethnischer Volksgruppen, die zum Teil seit Jahrhunderten miteinander verfeindet sind, was wiederum zu Spannungen im County führt.

Um einerseits die verfeindeten Volksgruppen zu vereinen und für gegenseitiges Verständnis zu werben und andererseits über Umweltverschmutzung aufzuklären und die Gesundheitsversorgung im County zu verbessern, schlossen sich im Jahr 2009 verschiedene Nichtregierungsorganisationen (NGOs) zusammen und riefen mit dem Laikipia Unity Cup ein Fußballturnier ins Leben. Unter ihnen ist auch die vom deutschen Manager Jochen Zeitz gegründete Zeitz Foundation. Alle an der Organisation des Turniers beteiligten Partner warben nun in der Bevölkerung dafür, sich mit Mannschaften anzumelden. Das Hauptproblem bestand aber darin, dass es im Gegensatz zu Ländern wie Deutschland keine Vereinsstrukturen gab. Dem Gedanken der Organisatoren folgend, schlossen sich nun die verfeindeten Stämme zusammen und bildeten gemischte Mannschaften. Bereits das erste Turnier war mit 10 Mannschaften ein voller Erfolg. Doch nicht nur die Aussicht auf den Turniergewinn bewegte die Menschen zu einer Teilnahme. Nach Ende des Turniers wurde aus allen Mannschaften eine neue gebildet, welche das Laikipia County bei einem Freundschaftsspiel gegen eine Profimannschaft aus der Hauptstadt Nairobi vertreten sollte. Der Jubel unter den Auserwählten war verständlicherweise riesig und die für die Mannschaft ausgewählten Spieler waren unheimlich stolz, ihr County vertreten zu dürfen. Im Laufe eines gemeinsamen Trainingslagers entstanden neue Freundschaften, und der Trainer verdeutlichte seinen ehemals verfeindeten Spielern, dass sie ein Team werden mussten, um ihren Traum vom Gewinn gegen das Profiteam aus Nairobi zu erreichen. Auch wenn sie am Ende nicht gewannen, so erreichten sie dennoch durch eine geschlossene Teamleistung ein achtbares 2:2 Unentschieden.

Nach dem ersten Erfolg im Jahr 2009 finden seitdem regelmäßig weitere Turniere statt. 2012 hatte ich die große Ehre, beim Turnier dabei sein zu dürfen und die großartige Kraft des Sports aus nächster Nähe zu erleben. Mittlerweile zählt auch Fußballsuperstar Samuel Eto'o zu den Botschaftern des Projekts, der es sich nicht nehmen ließ, persönlich vor Ort zu sein. Der Laikipia Unity Cup ist ein Paradebeispiel, wie der Sport Menschen zusammenbringen und ihnen ein Forum für friedlichen Austausch bieten kann.

Doch damit nicht genug. Die Organisatoren gründeten mit der „Laikipia Unity League" eine eigene Fußballliga mit insgesamt 113 Teams aus 8 Distrikten, unter ihnen 6 Frauenmannschaften. Das Einzigartige an dieser Liga ist, dass nur 50 Prozent der Punkte durch die Fußballergebnisse erzielt werden. Die andere Hälfte wird durch Naturschutz-, Gemeinde-, Kultur- und Wirtschaftsprojekte erreicht. Das Laikipia County ist damit zu einem Leuchtturm in Kenia geworden und zeigt eindrucksvoll, welche Möglichkeiten der Sport einerseits für die Entwicklung der Menschen vor Ort und andererseits für die Verständigung zwischen den ehemals verfeindeten Volksgruppen bietet.

Weiterhin möchte ich Ihnen von einem Programm berichten, auf das ich auch persönlich sehr stolz bin. Seit Beginn meiner Amtszeit als UN-Sonderberater gab es Bestrebungen, ein Programm für junge Menschen ins Leben zu rufen, die in ihren Heimatgemeinden in allen Winkeln dieser Erde den Sport für Frieden und Entwicklung nutzen. Aus diesen Bestrebungen wurde dann schließlich im Jahr 2012 das „Youth Leadership Programme" (YLP) der Vereinten Nationen ins Leben gerufen. Das YLP richtet sich insbesondere an hoch motivierte junge Menschen, die unermüdlich für mehr Entwicklung und Frieden in ihren Gemeinden einstehen, aber oftmals nur eine ganz allgemeine Schulbildung besitzen, kaum Mittel für ihre Projekte zur Verfügung haben und sich nicht mit Gleichgesinnten austauschen und ihre Fähigkeiten verbessern können.

Genau an diesem Punkt setzt das YLP an. Im Rahmen eines rund zweiwöchigen Aufenthalts in einem „Youth Leadership Camp" erhalten diese Vorbilder Zugang zu theoretischem und praktischem Training, um ihre persönlichen Fähigkeiten und ihre Projekte zu verbessern und um ihnen die richtigen Werkzeuge und Methoden an die Hand zu geben, wenn sie in ihre Gemeinden zurückkehren. Die Teilnehmer kommen dabei aus allen Teilen der Welt und sind zur Hälfte männlich und weiblich. Auch die Inklusion junger Menschen mit Behinderungen ist eines der Kernelemente des Trainingsprogramms. Zu den Inhalten zählen unter anderem die Vermittlung von „social skills", die Förderung der Gleichberechtigung der Geschlechter und natürlich die sportliche Betätigung wie z. B. beim Rollstuhlbasketball. Mithilfe von unseren Förderern und Partnern ist es uns gelungen, seit dem Start des ersten Camps im Jahr 2012 in Doha, Katar insgesamt 21 Camps in Europa, Asien, Nord- und Südamerika durchzuführen. So konnten wir rund 700 Jugendlichen Methoden und Werkzeuge an die Hand geben, um in ihren Gemeinschaften den Sport für Entwicklung und Frieden noch besser zu nutzen. Dabei haben die Teilnehmerinnen und Teilnehmer ganz verschiedene Hintergründe. Eine Absolventin des YLP ist beispielsweise aktive Fußballtrainerin in einer Township im südafrikanischen Kapstadt. Ihr Ansatzpunkt ist es, die Jugendlichen mit kostenlosem Fußballtraining von der Straße zu holen. Mitmachen dürfen allerdings nur diejenigen, die vorher an einer Aufklärungsstunde zum Thema HIV/Aids teilgenommen haben. Die Nachfrage nach Plätzen im Programm ist groß. Potenzielle Teilnehmerinnen und Teilnehmer werden über ihre jeweiligen Vereine und Organisationen empfohlen und erhalten bei Teilnahme Stipendien, sodass ihnen keinerlei Kosten entstehen.

Auch nach Ende ihres Campaufenthalts begleiten wir die Jugendlichen und verfolgen ihren weiteren Lebensweg. Dabei bin ich besonders stolz auf einen jungen Teilnehmer unseres Berliner Camps von 2014. Maclean Dzidzienyo, ein paralympischer Athlet aus Ghana, inspirierte viele der anderen Teilnehmerinnen und Teilnehmer, weil er eindrucksvoll unter

Beweis stellte, dass jeder Mensch beim Sport die gleiche Ausgangslage hat. Nicht nur, dass er in seiner Gemeinde als Trainer und Vorbild anerkannt ist, durch sein Streben, eines Tages bei den Paralympischen Spielen dabei sein zu können, trägt er auch aktiv zum Abbau von Vorurteilen gegenüber Menschen mit Behinderungen bei. Seine Mitmenschen erleben eindrucksvoll, zu welchen Leistungen er imstande ist. Vor Kurzem hat er die B-Standard-Qualifikationszeit für die Paralympischen Spiele erreicht und arbeitet derzeit an der Qualifikation für die Paralympischen Spiele 2016 in Rio de Janeiro. Seine Gemeinde unterstützt ihn aktiv bei seinem Vorhaben und erhielt einen neuen Rennrollstuhl. Er ist Vorbild für Kinder und Athleten gleichermaßen und lebt ihnen die Wichtigkeit der Ausdauer bei der Erreichung von Träumen unabhängig von physischen Einschränkungen vor.

Die genannten zwei Beispiele sind nur ein Bruchteil der Projekte, die tagtäglich dazu beitragen, die Entwicklung und Völkerverständigung auf unserem Planeten zu fördern. Sicherlich stehen die sportlichen Großereignisse wie die Olympischen und Paralympischen Spiele im medialen Interesse und tragen gewiss ihren Teil zur friedlichen Verständigung der Völker bei. Doch es sind gerade die Menschen an der gesellschaftlichen Basis, die mit ihrem unermüdlichen Einsatz einen wichtigen Teil dazu leisten, ihr Dorf, ihre Region oder ihr Land zu einem besseren Ort zu machen.

Sport als wirkungsvolles Mittel zur Erreichung der Ziele für nachhaltige Entwicklung

Im September 2015 beschlossen die Vereinten Nationen auf einem historischen Gipfeltreffen in New York die „Agenda 2030 für Nachhaltige Entwicklung". Die in der Agenda enthaltenen 17 Ziele für nachhaltige Entwicklung (Sustainable Development Goals, SDGs) lösten die 8 Millenniums-Entwicklungsziele (MDGs) ab, die Ende 2015 ausliefen. Die SDGs sollen der Sicherung einer nachhaltigen Entwicklung auf ökonomischer, sozialer sowie ökologischer Ebene dienen. Die Ziele wurden in Anlehnung an den Entwicklungsprozess der MDGs und basierend auf deren Erkenntnissen entworfen und traten am 1. Januar 2016 mit einer Laufzeit von

15 Jahren, also bis 2030, in Kraft. Im Unterschied zu den MDGs, die insbesondere Entwicklungsländern galten, gelten die SDGs für alle Staaten.

In der Resolution der Generalversammlung der Vereinten Nationen zur neuen Agenda 2030 erhielt der Sport in einem eigenen Paragrafen ausführliche Anerkennung als „ein wichtiger Ermöglicher nachhaltiger Entwicklung". Sport kann in der Tat einen einzigartigen Beitrag zu jedem der 17 Ziele für nachhaltige Entwicklung leisten.[1] Im Folgenden werde ich auf einige ausgesuchte Ziele eingehen, um das Potenzial von Sport in dieser Hinsicht zu illustrieren.

Sport trägt zum psychischen und physischen Wohlbefinden aller Menschen bei, unabhängig von Alter, Geschlecht oder Herkunft – seine Reichweite ist unvergleichlich. Zusätzlich zu dem direkten Einfluss auf körperliche Fitness und zur Bekämpfung nicht übertragbarer Krankheiten spielt der Sport auch in der Bildung von Gemeinden hinsichtlich sexueller und reproduktiver Gesundheit sowie in der Förderung eines aktiven Lebensstils eine Rolle (**Ziel 3: Gesundheit und Wohlergehen**).

Kinder und Jugendliche profitieren ungemein von der Ausübung körperlicher Aktivität. Als Teil der Schulbildung fördert Sport Lernprozesse und schulische Leistung. Attraktive Sportangebote im schulischen Umfeld helfen weltweit dabei, Unterrichtbesuchsraten zu erhöhen und zu festigen. Sport und körperliche Aktivitäten agieren als ein innovatives Instrument, um für eine ganzheitliche und hochwertige Ausbildung zu sorgen (**Ziel 4: Hochwertige Bildung**). Für die Menschen, die in Krisengebieten leben, kann Sport ebenfalls eine willkommene Ablenkung bieten, indem ein sicheres Umfeld zum Spielen geschaffen und ein Gefühl von Normalität wiedererlangt wird.

Darüber hinaus unterstützt Sport in seiner einfachsten Art eine ausgeglichene Partizipation und besitzt die Fähigkeit, Geschlechtergleichheit innerhalb der Gesellschaften zu fördern und zu verwirklichen (**Ziel 5: Geschlechtergleichstellung**). Mittels Sport und körperlicher Aktivität können Frauen und Mädchen befähigt werden, ihr Selbstvertrauen zu stärken und von den anderen positiven Auswirkungen zu profitieren, die Sport auf die Gesundheit und die psychosoziale Befindlichkeit hat.

Beispielsweise habe ich vor Kurzem das „Diyar Consortium project" in Palästina besucht, das die Kraft des Sports, Geschlechtergleichheit zu fördern, gut verdeutlicht. Das Projekt hat ein Sportzentrum errichtet, das eine Möglichkeit für Frauen bietet, sicher am Sport teilzunehmen und übertragbare Schlüssel- und Berufskompetenzen zu erlernen.

Durch die Initiativen von UNOSDP und seiner Partner trägt der Sport dazu bei, mehr integrative Städte und Gemeinschaften zu schaffen (**Ziel 11: Nachhaltige Städte**). Im April dieses Jahres bin ich nach Nepal zur Einweihungsveranstaltung des Projektes „Table Tennis For NepALL" gereist, welches die Inklusion von Menschen mit Behinderung fördert. Es ist ein großartiges Beispiel dafür, wie Sport die soziale Entwicklung positiv beeinflussen kann, indem die Wahrnehmung über Menschen mit Behinderung geändert wird und außerdem wertvolle Gelegenheiten geschaffen werden, damit sie am Sport teilnehmen können.

Diese Initiativen konnten dank eines leistungsstarken Netzwerkes an Partnern und Interessenvertretern ermöglicht werden, das UN-Mitgliedsstaaten, das Internationale Olympische Komitee, das Internationale Paralympische Komitee, internationale und nationale Sportverbände und -vereine sowie die Privatwirtschaft einschließlich Sportartikelhersteller umfasst und das vereint ist durch ein gemeinsames Ziel und Engagement, nämlich den Sport für eine nachhaltige Entwicklung zu nutzen (**Ziel 17: Globale Partnerschaften zur Erreichung der Ziele**).

Ungeachtet der Herausforderungen, mit denen insbesondere der Hochleistungs- und Profisport heutzutage konfrontiert ist, wird Sport an sich weiterhin Menschen zusammenbringen, indem er mithilfe universeller Werte und Prinzipien eine integrativere und friedlichere Welt fördert. Er ist heute und in Zukunft eines der kosteneffizientesten und vielseitigsten Werkzeuge, um die Werte und Ziele der Vereinten Nationen zu fördern und insbesondere die Ziele für nachhaltige Entwicklung zu erreichen.

Mit herzlichem Dank an Franz Fischer, Patrick Rodenberg & Eric Dienes für die Unterstützung bei der Bearbeitung dieses Textes.

Literaturquellen

- *Bailey, R. (2006). Physical education and sport in schools: A review of benefits and outcomes. Journal of school health, 76(8): 397–401.*
- *IMF. (2015). Causes and Consequences of Income Inequality: A Global Perspective. June 2015.*
- *IOC. (2016). Olympic Truce. International Olympic Committee: Lausanne. (Online). Zugriff am 12/06/2016.*
  Verfügbar auf: https://www.olympic.org/olympic-truce
- *United Nations (UN) (2003) 'Sport for Development and Peace: Towards Achieving the Millennium Development Goals'. Report from the United Nations Inter-Agency Task Force on Sport for Development and Peace.*
- *United Nations. (2010). General Assembly: Sport for development and peace: strengthening the partnerships. A/65/270.*
- *United Nations (UN) (2015) „Resolution der Generalversammlung, verabschiedet am 25. September 2015: 70/1. Transformation unserer Welt: die Agenda 2030 für nachhaltige Entwicklung." Verfügbar auf: https://documents-dds-ny.un.org/doc/UNDOC/GEN/N15/291/91/pdf/ N1529191.pdf?OpenElement*

- UNDP. (2015). *A new sustainable development agenda*. (Online). Zugriff am 12/06/2016. Verfügbar auf: www.undp.org/content/undp/en/home/sdgoverview.html
- UNDP. (2015). *Goal 1: No poverty*. (Online). Zugriff am 12/06/2016. Verfügbar auf: www.undp.org/content/undp/en/home/sdgoverview/post-2015-development-agenda/goal-1.html
- UNDP. (2015). *Goal 3: Good health and well-being*. (Online). Zugriff am 12/06/2016. Verfügbar auf: www.undp.org/content/undp/en/home/sdgoverview/post-2015-development-agenda/goal-3.html
- UNDP. (2015). *Goal 5: Gender equality*. (Online). Zugriff am 12/06/2016. Verfügbar auf: www.undp.org/content/undp/en/home/sdgoverview/post-2015-development-agenda/goal-5.html
- UNDP. (2015). *Goal 10: Reduced inequalities*. (Online). Zugriff am 12/06/2016. Verfügbar auf: www.undp.org/content/undp/en/home/sdgoverview/post-2015-development-agenda/goal-10.html
- UNDP. (2015). *Goal 16: Peace, justice and strong institutions*. (Online). Zugriff am 12/06/2016. Verfügbar auf: www.undp.org/content/undp/en/home/sdgoverview/post-2015-development-agenda/goal-16.html
- UNDP. (2015). *SDG 17: Partnerships for the goals*. (Online). Zugriff am 12/06/2016. Verfügbar auf: www.undp.org/content/undp/en/home/sdgoverview/post-2015-development-agenda/goal-17.html
- UNSDP. (2015). *Sport and Sustainable Development Goals*. (Online). Zugriff am 21/10/2016. Verfügbar auf: https://www.un.org/sport/content/why-sport/sport-and-sustainable-development-goals
- WHO. (2003). *Health and development through physical activity and sport*. WHO: Geneva. (Online). Zugriff am 12/06/2016. Verfügbar auf: http://apps.who.int/iris/bitstream/10665/67796/1/WHO_NMH_NPH_PAH_03.2.pdf/

Fußnoten

1   Ein Überblick über den Beitrag des Sports zur Erreichung der SDGs ist online abrufbar: https://www.un.org/sport/content/why-sport/sport-and-sustainable-development-goals

SPORT ALS HEBEL FÜR ENTWICKLUNG

von Louis Michel

Sport berührt verschiedene Bereiche der Gesellschaft. Sportliche Aktivitäten können als übergreifende Instrumente zur Erreichung von Entwicklungszielen genutzt werden.

Für die Millenniums-Entwicklungsziele wurden Sport und Leibeserziehung in vielen Entwicklungsländern als Instrument zur Förderung der Schulbildung und der Gleichstellung von Männern und Frauen genutzt, um einen breiteren Zugang von Mädchen zu Sport zu ermöglichen. Sport wurde auch von verschiedenen Länderagenturen und internationalen Sportorganisationen wie dem Internationalen Olympischen Komitee (IOC) und der Fédération Internationale de Football Association (FIFA) als Instrument für die Förderung guter Gesundheit und für Sensibilisierungskampagnen zur Unterstützung verschiedener MDGs eingesetzt.

Sport spielte auch eine Rolle bei der Ausrottung der extremen Armut und des Hungers, der Gleichstellung der Geschlechter und der Ermächtigung der Frauen, der Bekämpfung von HIV/Aids, Malaria und anderen Krankheiten, der Förderung der ökologischen Nachhaltigkeit usw.

Sport ist auch ein Instrument für die Entwicklung einer globalen Entwicklungspartnerschaft.

Die Schaffung des Büros der Vereinten Nationen für Sport im Dienst für Entwicklung und Frieden (UNOSDP) war ein wichtiger Schritt, um eine dauerhafte Beziehung zwischen den Bereichen Sport und Entwicklung zu schaffen.

Im Jahr 2006 unterzeichnete die Europäische Kommission ein Memorandum of Understanding (MoU) mit der FIFA, um Fußball zu einem Instrument für die Entwicklung in den Ländern Afrikas, des karibischen und des pazifischen Raums (AKP) zu machen.

Viele Millionen Menschen, sowohl Kinder als auch Männer und Frauen, spielen in den AKP-Ländern Fußball. Für viele ist Fußball nicht nur ein Spiel, sondern auch ein Überlebensakt.

Wie das Memorandum bestätigt, ist „Fußball ein Mittel, um die Normalität in traumatisierten Gemeinschaften wiederherzustellen, Vertrauen aufzubauen und Toleranz und Solidarität zu fördern. Fußball kann und sollte ein Vehikel für die Entwicklung Afrikas sein."

Als ich Kommissar für Entwicklung und humanitäre Hilfe war, hatte ich die Chance, den erstaunlichen Beitrag des Fußballs zu erleben, um Leiden für Menschen unter humanitären Krisenbedingungen zu lindern. Ich war immer erstaunt, wenn ich Flüchtlingslager besuchte und sah, wie die Kinder mit nackten Füßen und T-Shirts von Ronaldinho, Drogba, Zidane und Figo Fußball spielten. Dies sind die modernen Helden unserer globalisierten Welt.

Sportliche Aktivitäten können als Mittel für humanitäre Hilfsmaßnahmen genutzt werden, insbesondere bei der Behandlung von psychischen Traumata. Sie können und müssen mit Entwicklungsprogrammen verknüpft werden, um einen Unterschied zum Leben von Millionen von Menschen zu machen.

Sportliche Aktivitäten tragen auch dazu bei, ein positives Image der Entwicklungsländer zu vermitteln.

Die AKP-Länder, vor allem Afrika, haben die besten Sportler und Sportlerinnen der Welt. Viele internationale Sportevents wie Fußball, Basketball, Leichtathletik etc. werden rund um den Globus beobachtet. Dies ist eine große Chance, um für das wirtschaftliche und kulturelle Potenzial der AKP-Länder zu sensibilisieren. Sie spielen eine wichtige Rolle bei der Bekämpfung von Rassismus und Diskriminierung.

Entwicklungsakteure können auf allen Ebenen die Gelegenheit nutzen, die sportlichen Aktivitäten mit den verabschiedeten nachhaltigen Entwicklungszielen zu verknüpfen und ihr starkes Potenzial zu nutzen, um verschiedene Entwicklungsprojekte in den AKP-Ländern zu erreichen..

Durch seine Kommunikationsfähigkeit ermöglicht es Sport, verschiedene Entwicklungsziele zu verwirklichen, indem er als Mittel für Fundraising, Interessenvertretung, Mobilisierung und Sensibilisierung der Öffentlichkeit dient. Viele Sport-Prominente spielen bei der Entwicklung ihrer Länder eine wichtige Rolle, indem sie wesentliche Botschaften über die wichtigsten Entwicklungsprobleme wie HIV/Aids, Kinderrechte, Umwelt, Bildung usw. vermitteln.

Viele Athleten schufen zahlreiche Stiftungen, die dem Ziel der nachhaltigen Entwicklung dienen und damit die Entwicklungsfinanzierung bereichern. So sind zum Beispiel die Didier Drogba-Stiftung in der Elfenbeinküste, die Samuel Eto'o-Stiftung in Kamerun, die Stiftung Maria Mutola in Mosambik und die Usain Bolt-Stiftung in Jamaika, um nur einige zu nennen, wichtige Entwicklungsakteure, die die Ermächtigung und Entwicklung lokaler Gemeinschaften fördern. Sie fungieren an verschiedenen Fronten im Kampf gegen die Beseitigung der Armut, bei der Förderung der unternehmerischen Initiative junger Menschen, bei der Verbesserung des Zugangs zu Energie, Gesundheitsversorgung, Bildung usw.

Investitionen in Sport sind nicht nur eine Investition in das Wohlergehen und soziale Interaktion, es ist eine Investition für eine friedliche Welt

Sport als Instrument für Friedensförderung

In einer Welt, die durch kulturelle Fragmentierung und Engstirnigkeit gekennzeichnet ist, hat der Sport eine außergewöhnliche Macht, Menschen anzuziehen, zu mobilisieren, zu motivieren und zu begeistern. Er hat die Macht, Nationen und Menschen zusammen hinter einem Ziel zu vereinen. Er ist daher ein wichtiges Instrument für die soziale Eingliederung und die Förderung der menschlichen Werte von gegenseitigem Respekt, Teamarbeit, Gerechtigkeit, Gleichheit, Transparenz, Neutralität, Freundschaft usw.

Der Sport spielt eine wichtige Rolle im Aufbau von Frieden. Historisch gesehen hat der Sport eine wichtige Rolle beim Aufbau friedlicher Gesellschaften gespielt. Am Ursprung der internationalen Olympischen Spiele steht ein Friedensprojekt. Im antiken Griechenland (8. Jahrhundert v. Chr.) hatte der olympische Waffenstillstand das Ziel, den Frieden zwischen kriegsführenden Staaten durch eine Konkurrenz zwischen ihren Athleten zu schaffen.

Sport trägt ungeheuer zu einer friedlichen Welt bei; Sport verkörpert pädagogische Werte und bringt Völker der Welt in einem Geist der Inklusion zusammen, der den Wert der Vielfalt respektiert und fördert. Der Sport nimmt bei der Förderung der Entwicklung des interkulturellen Austauschs und des gegenseitigen Verständnisses eine Schlüsselrolle in Bezug auf die Förderung demokratischer Werte und Menschenrechte ein.

Während Konflikte in vielen Ländern Afrikas weiterhin bestehen bleiben und so alle Anstrengungen für Wirtschaftswachstum behindern, kann der Sport eine wichtige Rolle bei der Förderung friedlicher Beziehungen und der Versöhnung zwischen den kriegführenden Parteien spielen.

In der Demokratischen Republik Kongo, ein Land, das durch anhaltende Konflikte verwüstet wird, ist der Tout Puissant Mazembe Football Club ein mächtiges Werkzeug geworden, um die kongolesischen Einwohner um ein gemeinsames Ziel zu einen.

Die aktive Teilnahme von Entwicklungsländern an den Olympischen Spielen und anderen internationalen Sportveranstaltungen ist für die Schaffung integrativer und gerechter Gesellschaften unerlässlich. Sie trägt zur Schaffung einer rechtsbasierten Gesellschaft, zum gegenseitigen Respekt und zum gegenseitigen Verständnis sowie zur Verbreitung der Kultur und Geschichte der Entwicklungsländer und ihrer Völker bei.

Sport und Leibeserziehung sind darüber hinaus Menschenrechte, die respektiert, durchgesetzt und garantiert werden müssen.

Kurz gesagt, Sport spielt eine wichtige Rolle als ein Vektor für die soziale Integration und die wirtschaftliche Entwicklung der AKP-Länder. Sport verkörpert die Werte, die der Menschheit den Sinn geben: die Werte des Friedens, der Brüderlichkeit, der Solidarität, der Gewaltlosigkeit, der Toleranz, des gegenseitigen Respekts und der Gerechtigkeit. Er ist eine Kraft, mit der man rechnen muss, und ein vorherrschendes Mittel zur Friedensförderung und nachhaltigen Entwicklung.

DER SPORT IN DER EUROPÄISCHEN ENTWICKLUNGSPOLITIK

von Neven Mimica

Sport wird oft nur als eine Form der Freizeitgestaltung angesehen. Ich glaube, es kann auch ein Instrument für die Entwicklung sein.

Da das Recht auf Sport- und Sportunterricht seit 1978 als Grundrecht für alle anerkannt ist, wurde es schrittweise in die wichtigsten Menschenrechtserklärungen, -konventionen und -pakte integriert. Alle Parteien dieser Vereinbarungen verpflichten sich, geeignete Maßnahmen zu ergreifen, um allen Beteiligten Gelegenheit zur Teilnahme an Sportunterricht, Sport und Freizeitbeschäftigung zu bieten, wobei besonders benachteiligten Kindern, Frauen, Jugendlichen und behinderten Menschen besondere Aufmerksamkeit geschenkt wird.

Im September 2015 verabschiedete die Generalversammlung der Vereinten Nationen die Agenda 2030 für Nachhaltige Entwicklung, zu der die Europäische Union wesentlich beigetragen hat. Die Agenda erklärt zum ersten Mal, dass Sport ein wichtiger Faktor für nachhaltige Entwicklung ist, und erkennt den wachsenden Beitrag des Sports zur Verwirklichung von Entwicklung und Frieden sowie zur Förderung von Toleranz und Respekt an.

Für fast jedes der in der Agenda angekündigten Ziele für nachhaltige Entwicklung kann der Sport eine wichtige Rolle spielen und zu deren Verwirklichung beitragen.

Tatsächlich ist Sport ein leistungsfähiges soziales Instrument, das Menschen aus verschiedenen ethnischen, kulturellen, religiösen, sprachlichen und sozioökonomischen Hintergründen zusammenbringen kann. Die

Macht des Sports und seine positiven Auswirkungen auf das Leben verschiedener Gruppen haben sich in einer Vielfalt von Bereichen in einem multidimensionalen Ansatz gezeigt. Sport generiert wichtige Werte wie Teamgeist, Solidarität, Toleranz und Fair Play, trägt zur persönlichen Entwicklung, Erfüllung und zum interkulturellen Dialog bei.

Der Sport hat einen besonderen Einfluss auf Bildung, Gesundheit und soziale Eingliederung. Das Recht von Kindern, zu spielen und sportliche Aktivitäten zu treiben, ist entscheidend für ihre Gesundheit und ihre körperliche und persönliche Entwicklung. Ebenso ist die körperliche Aktivität ein kritisches Element der qualitativen Bildung und macht die Schulen attraktiver, auch für marginalisierte Kinder und Jugendliche. Dank des Sports können sie Selbstvertrauen und Haltung für Respekt entwickeln.

Es ist aber wahrscheinlich im Bereich der sozialen Eingliederung, dass Sport seine besten Ergebnisse bei der Unterstützung der Entwicklungsziele liefert.

In einem großen Teil der Welt wird die Zukunft vieler Kinder durch soziale Ausgrenzung beeinträchtigt. Sportliche Aktivitäten könnten dieses dunkle Bild beleuchten und dazu beitragen, bessere Perspektiven für sie zu schaffen. Das kann soziale Interaktion schaffen und begünstigen. In einigen Ländern haben zum Beispiel Fußball-Aktivitäten für marginalisierte Kinder deren Vertrauen in die staatlichen Stellen gesteigert.

Darüber hinaus kann das Fehlen einer adäquaten Ausbildung und einer berufsorientierten Ausbildung zu Isolation und sozialen Unruhen führen. Die Marginalisierung bestimmter Gruppen schadet dem Aufbau eines nachhaltigen Friedens. Sport kann eine wirksame Reaktion auf Gewalt und Extremismus in städtischen Gebieten und in armen ländlichen Regionen sein, in denen die meisten Armen in den Entwicklungsländern leben.

Schließlich können sportliche Aktivitäten die Fähigkeiten junger Menschen in Führungspositionen und positiven sozialen Normen fördern. Junge Menschen würden einen Weg finden, aus düsteren Realitäten zu entkommen und das Selbstwertgefühl wiederzugewinnen. Dies würde verhindern, dass Kriminalität, Extremismus und wirtschaftliche Migration zunehmen.

Die Europäische Union erkennt die wesentliche Rolle des Sports in den Gesellschaften Europas und den Partnerländern in vollem Umfang an und trägt zur integrativen Entwicklung und zum nachhaltigen Wachstum bei. Sie ist entschlossen, eine Schlüsselrolle zu spielen, um effizient auf globale Herausforderungen zu reagieren, ihre Werte weiterzutragen und zu Frieden und Wohlstand in der Welt beizutragen. Wir engagieren uns für die Förderung der Nutzung von Sport als ein wichtiges Instrument in unserer Entwicklungspolitik. Wir beabsichtigen, unsere Bemühungen zu steigern, die Entwicklung von integrativen nationalen Politiken zu unterstützen, die die Bedürfnisse und Bestrebungen junger Menschen berücksichtigen und die Aufmerksamkeit auf sportliche und körperliche Aktivitäten in den relevanten sektoralen Strategien erhöhen.

Um dies zu erreichen, verfolgt die Europäische Union ein langfristiges, ganzheitliches und hochwirksames Konzept, um die Empfänger von Bildung, Ausbildung und Beschäftigung im Hinblick auf einen nachhaltigen Lebensunterhalt zu unterstützen. Um nur einige unserer spezifischen Aktionen zur Unterstützung des Sports zu nennen, beispielsweise in Südafrika, finanziert die Europäische Kommission ein Programm zur Förderung der Jugend durch Kultur und Sport. Wir helfen Organisationen der Zivilgesellschaft, die Initiativen „Jugendentwicklung durch Fußball" umzusetzen.

In Eritrea unterstützen wir die Förderung der Rechte von Menschen mit Behinderungen durch die Förderung von sportlichen Aktivitäten für sie und durch öffentliche Kampagnen und Sportturniere, insbesondere mit der Beteiligung von Kindern und Frauen.

Ebenso unterstützt die Europäische Kommission in Gaza und im Westjordanland die Beteiligung von Jugendlichen mit Behinderungen an qualitativ hochwertigen Sportprogrammen und trägt dazu bei, die Kapazität des palästinensischen paralympischen Komitees zu erhöhen.

Allerdings muss von allen Entwicklungsakteuren noch mehr getan werden. Auf der Grundlage der Verpflichtung, niemanden hinter sich zu lassen, der in den Diskussionen über die Agenda 2030 vertreten ist, sollten die Europäische Kommission und die Mitgliedsstaaten der Europäischen Union in Erwägung ziehen, den Sport in die internationalen Kooperations- und Entwicklungsagenden einzubeziehen und sie als Gegenstand des Dialogs zu betrachten.

Als bedeutsamer Entwicklungspartner, der in einer Vielzahl von Bereichen der menschlichen Entwicklung tätig ist, kann die Europäische Kommission ein wichtiger Akteur für eine bessere Integration des Sports in wesentliche Bereiche der Entwicklungshilfe wie Bildung, Gesundheit, Beschäftigung, Gender, Kultur, Kinderschutz und soziale Eingliederung sein. Die Einbeziehung von Sport- und Sportunterrichtstätigkeiten in die Curricula könnte beispielsweise universell verabschiedet und mit der geeigneten Infrastruktur und Methodik unterstützt werden.

Sport als Motor für die Entwicklung könnte das Leben der Menschen verändern und sogar retten, zum Beispiel durch das Anbieten von Schwimmstunden für Kinder in Hochwassergebieten.

Das Bewusstsein könnte auch dafür geschärft werden, dass Sport mehr ist als Spaß und Spiele: Er ist ein Treiber für gesellschaftlichen Wandel und Friedensbauer. Sportaktivitäten sind nicht teuer und nutzen lokal verfügbare Ressourcen. Allerdings könnte die Sportindustrie mehr in die Unterstützung sozialer Aktivitäten investieren sowie an einer strukturierten Kombination von sportlichen Aktivitäten und Bildung, Lebenskompetenzen und Gesundheit beteiligt werden. Durch die hohe Attraktivität der Sportunterhaltung können auch wirtschaftliche Chancen adäquat gesteigert werden. Wenn sie entlang der Wertschöpfungskette verteilt werden, können die Einnahmen aus sportlichen Aktivitäten und Veranstaltungen Arbeitsplätze in der sportlichen Karriere, Ausbildung und bei Events schaffen. Unterstützung in verwandten Bereichen wie Catering und im Übernachtungsgewerbe könnte Arbeitsplätze und ein Einkommen für eine große Anzahl von Menschen schaffen.

Große Fußballclubs und -verbände könnten auch gut mit dem Breitensport kooperieren. Aber um dieses ehrgeizige kollektive Engagement zu erreichen, wäre es wichtig, Bereiche zu identifizieren, in denen internationale, lokale Nichtregierungsorganisationen und der Privatsektor die Zusammenarbeit stärken könnten.

Pierre de Coubertin schrieb: *„Sport is part of every man and woman's heritage and its absence can never be compensated for."* Sport sorgt für eine gleichberechtigte Teilnahme von Jungen und Mädchen in armen Gemeinden und fördert den Zusammenhalt von Gemeinschaften. Er bietet auch einen Dialog zur Bekämpfung von Diskriminierung und zur Integration benachteiligter Jugendlicher.

Ich bin davon überzeugt, dass eine wirksame Politik, die den Sport als ein mächtiges Entwicklungsinstrument einsetzt, einen wirklichen Beitrag zum übergeordneten Ziel leisten kann, extreme Armut und Ungleichheiten endgültig auszumerzen.

DIE ROLLE DES SPORTS IN DER DEUTSCHEN ENTWICKLUNGSZUSAMMENARBEIT

von Dr. Gerd Müller

Sport öffnet die Herzen: Er begeistert nicht nur die Menschen in Deutschland, sondern auf der ganzen Welt. Sport kann Werte vermitteln und Perspektiven aufzeigen, ein Zusammengehörigkeitsgefühl über ethnische und soziale Grenzen hinweg schaffen, helfen, Gewalt zu verringern und Konflikte friedlich zu lösen. Sport stärkt die Persönlichkeit und vermittelt Werte wie Fair Play, Teamgeist, Disziplin und Respekt. Und über Sport kann ein Bewusstsein für nachhaltige Verhaltensweisen geschaffen werden. All dies ist auch in Entwicklungsländern wichtig – gerade für benachteiligte Kinder, Jugendliche und junge Erwachsene. Sie liegen mir besonders am Herzen. Denn sie sind es, die die Zukunft ihrer Länder gestalten.

Sport kann einen wichtigen Beitrag zu den Entwicklungszielen der Bundesregierung leisten, davon bin ich überzeugt. Gleichzeitig können wir mit Sport neue Akteure für unsere Entwicklungszusammenarbeit gewinnen und eine breite Öffentlichkeit für entwicklungspolitische Themen begeistern. Aus all diesen Gründen ist Sport für mich ein Schwerpunkt der Entwicklungszusammenarbeit, den wir gemeinsam mit unseren Partnern aus Sport, Zivilgesellschaft, Wirtschaft und Wissenschaft und mit engagierten Bürgerinnen und Bürgern ausgestalten wollen.

1. Internationaler Konsens – Sport unterstützt Entwicklungsziele

Sport spielt in der Entwicklungszusammenarbeit auch international eine immer wichtigere Rolle. Global hat das Thema erstmals 2001 durch die

Ernennung eines Sonderbeauftragten der Vereinten Nationen für Sport im Dienst von Entwicklung und Frieden Anerkennung erhalten. Die 2003 verabschiedete Resolution 58/5 der Vereinten Nationen unterstreicht die Bedeutung von „Sport als Mittel der Förderung von Bildung, Gesundheit, Entwicklung und Frieden". 2013 erklärten die Vereinten Nationen den 6. April zum Internationalen Tag des Sports für Entwicklung und Frieden. Und im Rahmen der Sustainable Development Goals wird der Beitrag des Sports zur Bekämpfung von Armut und Hunger, zur Sicherstellung eines gesunden Lebens für alle, inklusive Bildung und Gleichberechtigung der Geschlechter, ebenso wie zur Beschäftigungsförderung, zum Abbau von Ungleichheit oder zur Gewährleistung von nachhaltigem Konsum betont.

Sport umfasst dabei alle Aktivitäten vom Breiten- und Freizeitsport über Spiel und Bewegung bis hin zu traditionellen Kultur- und Ausdrucksformen.

Um das Potenzial des Sports noch besser auszuschöpfen, arbeiten wir im Bundesministerium für wirtschaftliche Zusammenarbeit und Entwicklung (BMZ) seit dieser Legislaturperiode intensiv an dem Thema und setzen Vorhaben in verschiedenen Ländern und Kontinenten um.

Gleichzeitig nutzen wir wichtige Sportereignisse, um unsere entwicklungspolitischen Schwerpunkte in die Öffentlichkeit zu tragen. Denn gemeinsam mit unseren Partnern aus dem Sport erreichen wir Menschen, die sich bisher noch wenig mit entwicklungspolitischen Themen befasst haben.

2. Entwicklungszusammenarbeit – eine sportliche Herausforderung

Sport ist ein wertvolles Instrument, um vor allem Kinder und Jugendliche zu fördern. Deshalb nutzen wir Sport vor allem in den Bereichen Bildung, Gesundheit und Gewaltprävention. Querschnittsthemen wie Geschlechtergerechtigkeit, Stärkung der Zivilgesellschaft, Empowerment und Inklusion sind Bestandteil unserer sportbezogenen Aktivitäten.

Unsere Partner sind hierbei die Regierungen unserer Kooperationsländer, Nichtregierungsorganisationen und Sportverbände – in Ländern mit ganz unterschiedlichen Herausforderungen wie Afghanistan, Äthiopien,

Brasilien, Jordanien, Kenia, Kolumbien, Mosambik, Namibia, den Palästinensischen Gebieten und Togo.

Über den Sport stärken wir die Zivilgesellschaft, fördern Dialogfähigkeit und unterstützen benachteiligte Bevölkerungsgruppen. Sport befähigt junge Menschen zur Partizipation und regt individuelle und gesellschaftliche Entwicklungsprozesse an. Allerdings sind wir mit unserem Engagement nur dann erfolgreich, wenn wir auf die kulturellen, sozialen und gesellschaftlichen Rahmenbedingungen vor Ort eingehen. Daher fördern wir die Aus- und Weiterbildung von Trainerinnen und Trainern, Lehrkräften und Multiplikatoren.

Das tun wir in den Palästinensischen Gebieten
Wir unterstützen junge Menschen in Ostjerusalem und im Westjordanland, um auf dem Arbeitsmarkt zu bestehen. Die Lehrpläne nicht staatlicher Berufsschulzentren werden durch Sport aufgewertet. Der Ausbau von qualifizierten Sportprogrammen steigert die Akzeptanz und das Interesse an beruflicher Bildung. Über Sport- und Jugendcamps unter Beteiligung zivilgesellschaftlicher Organisationen und der Privatwirtschaft wird für berufliche Bildung geworben, und gleichzeitig werden Ausbildungsplätze vermittelt.

---

3. Sport – Entwicklung „spielend" erreichen

3.1 Bildung und Ausbildung – Unterstützung auf dem Weg ins Leben

Kinder und Jugendliche stellen in fast allen Entwicklungsländern die Bevölkerungsmehrheit. Sportunterricht an Kindergärten, Schulen und Berufsschulen unterstützt die motorische und geistige Entwicklung und verbessert die Lernfähigkeit von Kindern. Sport macht Bildungsthemen wie Umwelt,

Kinderrechte oder die Gleichberechtigung der Geschlechter erfahrbar. In vielen Ländern gibt es aber keine geeigneten Sportangebote an den Bildungseinrichtungen. Hier setzen wir mit unseren Vorhaben häufig an. Darüber hinaus erreichen wir über den Sport aber auch benachteiligte Kinder und Jugendliche, die keine Schule (mehr) besuchen und damit schlechte Zukunftsaussichten haben. Ihnen eröffnet Sport den Weg in nachholende, reintegrierende Bildungs- oder Ausbildungsangebote.

Wir vermitteln vor allem sogenannte life skills: Schlüsselkompetenzen wie Kommunikations-, Kooperations-, Organisations- und Kritikfähigkeit. Spezielle Sportangebote unterstützen zudem einen Übergang in Beschäftigungsverhältnisse, indem sie beispielsweise an Berufsschulen stattfinden oder Wirtschaftsunternehmen in die Maßnahmen eingebunden sind.

Gewaltprävention, HIV/Aids-Aufklärung und Inklusion
„Youth Development through Football": Das von der deutschen Entwicklungszusammenarbeit initiierte Vorhaben „Youth Development through Football"
(2007–2014) hat etwa 60.000 Jugendliche in Südafrika erreicht.
Die Teilnehmerinnen und Teilnehmer wurden mit einer Reihe von Handbüchern, unter anderem zu Gewaltprävention, HIV/Aids-Aufklärung und Inklusion von Menschen mit Behinderung geschult und geben ihr Wissen nun weiter.
(Mai 2009, Südafrika © BMZ/Ralf Bäcker)

3.2 Gesundheit – das eigene Leben aktiv gestalten

Gesundheitsbildung
Sportangebote verbessern die öffentliche und individuelle Gesundheit. Sie fördern Bewegung, halten Menschen gesund und schaffen einen geschützten Raum für Themen der Gesundheitsbildung. So nutzen wir Sport bei der HIV/Aids-Aufklärung und informieren über Sexualerziehung und Familienplanung. Die Themen werden der jeweiligen Zielgruppe und dem kulturellen Umfeld entsprechend aufbereitet und vermittelt. Hierzu schulen wir Trainerinnen und Trainer, die auf die Bedürfnisse der Jugendlichen qualifiziert eingehen.

Das tun wir in Namibia
Der Namibische Fußballverband (NFA) – unterstützt von der deutschen EZ und dem DFB – nutzt Sport für die Mädchen- und Frauenförderung. Das zuständige namibische Ministerium verfolgt als politischer Träger des Vorhabens das Ziel, die Stellung von Mädchen und jungen Frauen in der Gesellschaft zu verbessern und ihr Selbstvertrauen zu stärken. Dazu gehört die Vermittlung von Kenntnissen für ein gesundes und selbstbestimmtes Leben. Ein sportpädagogisches Programm kombiniert Fußball- und Basketballangebote mit HIV-Prävention, Gesundheitsbildung und Förderung sozialer Kompetenzen. Ein von uns gefördertes Gemeindezentrum auf dem Gelände der NFA bietet den Mädchen und jungen Frauen hierfür einen geschützten Raum.

Präventionssport

Auch in Entwicklungsländern sind viele chronische Krankheiten auf Bewegungsmangel zurückzuführen. Und nicht nur in den Industrie- und

Schwellenländern nehmen durch Mangel- und Fehlernährung verursachte Zivilisationskrankheiten zu.

Unsere Vorhaben tragen zur Prävention bei und ermuntern junge Menschen zu einem gesünderen Lebensstil, denn nicht zuletzt entscheiden die Kindheit und die Zeit des Erwachsenwerdens darüber, wie gesund Menschen ihr Leben führen können.

Besuch von Bundesminister Müller im Flüchtlingslager Za'atari
Flüchtlinge unterstützen: Sport ist gerade für die Kinder, die von Flucht und Vertreibung betroffen sind, wichtig, zum Beispiel zur Traumaverarbeitung, um wieder Selbstvertrauen zu finden und den Blick nach vorne richten zu können.
(Februar 2014, Za'atari, Jordanien © Thomas Köhler, phototek.net)

Psychosoziale Unterstützung von Flüchtlingen

Sportangebote helfen, wenn keine individuellen psychotherapeutischen Angebote für Menschen zur Verfügung stehen, die Gewalt, Bürgerkrieg und Terror erfahren mussten. Neben positiven Effekten auf die körperliche und geistige Gesundheit schafft Sport Zuversicht, bietet Abwechslung von einem schwierigen Alltag und fördert ein friedliches Miteinander. Im geschützten Raum fördert Sport Reintegrationsprozesse und vermittelt ein

Gefühl von Sicherheit und Normalität, um Traumata zu verarbeiten und Selbstvertrauen aufzubauen.

> **Das tun wir in Jordanien**
> Ca. 80 Prozent der syrischen Flüchtlinge leben außerhalb der jordanischen Flüchtlingscamps in den aufnehmenden Gemeinden. Eine zentrale Herausforderung ist die Gewährleistung qualitativer Bildungsangebote im formalen wie non-formalen Bereich sowie spezifische „Freizeitangebote" für Kinder und Jugendliche, z.B. in Form von sportpädagogischen Maßnahmen. Gemeinsame Sport- und Bewegungsangebote fördern den Dialog unterschiedlicher Gruppen und wirken Konflikten entgegen.

3.3 Gewaltprävention – Konflikte friedlich lösen

In (Post-)Konfliktsituationen bietet Sport Raum für Annäherung und den Aufbau persönlicher Beziehungen. Er fördert ein Zusammengehörigkeitsgefühl, beugt gewaltsamen Auseinandersetzungen vor und ermöglicht, Konflikte auf dem Spielfeld in friedlicher Weise beizulegen. Gegenseitige Achtung und Rücksichtnahme sowie die Einhaltung von Regeln fördern einen friedlichen Umgang.

Sportangebote der deutschen Entwicklungszusammenarbeit vermitteln Werte wie Teamfähigkeit, Toleranz, Integrität, Disziplin und Verantwortung. Jugendliche erfahren Respekt, Fairness und die Zugehörigkeit zu einer Gemeinschaft. Soziale, kulturelle und ökonomische Unterschiede werden überbrückt und das Gegenüber als Mensch wahrgenommen.

Mit Sport motivieren wir junge Menschen, miteinander über ihr Leben und Zusammenleben, Ängste und Zukunftsvisionen zu sprechen.

> **Das tun wir in Kolumbien**
> Die kolumbianische Regierung nutzt gemeinsam mit einem von uns unterstützten zivilgesellschaftlichen Netzwerk den Fußball zur Friedensentwicklung im Land. Damit arbeiten erstmals Regierung, Sportverbände und Nichtregierungsorganisationen gemeinsam daran, die Gewalt im kolumbianischen Sport einzudämmen.
> Unser Vorhaben knüpft hier an, stärkt die Kompetenzen von Kindern und Jugendlichen für ein friedliches Zusammenleben und vermittelt über Fußball Werte wie Toleranz, Respekt und Verständnis. Die Förderung von friedlicher Konfliktlösung, Gewaltprävention und psychosozialen Ressourcen ist ein wichtiger Baustein auf dem Weg zur nationalen Versöhnung.

3.4 Zivilgesellschaft und Demokratie – gemeinsam etwas bewegen

Ein gut organisierter Breitensport ist die Grundlage für die erfolgreiche Entwicklung einzelner Sportlerinnen und Sportler. Sie sind wichtige Vorbilder und Identifikationsfiguren für junge Menschen. Wir tragen dazu bei, Sportstrukturen und -veranstaltungen nachhaltig und partizipativ zu gestalten.

Sport als Instrument für Bildung, Gesundheit oder Gewaltprävention wird von staatlicher Seite selten unterstützt. Die Integration von Sport in das Gemeinwesen fördert aber die soziale und politische Teilhabe und vermittelt Grundlagen von Demokratie und einer inklusiven Gesellschaft. Daher gilt es, vor allem Vereine und Schulsport auf kommunaler Ebene zu unterstützen.

Der organisierte Sport stärkt schließlich die Zivilgesellschaft und nimmt Einfluss auf politische Debatten. Daher fördern wir die interministerielle Zusammenarbeit zwischen Sport-, Bildungs- und Gesundheitsresorts, die Kooperationen zwischen Sportverbänden in Deutschland und unseren

Partnern vor Ort und beraten Letztere beim Auf- und Ausbau sportbezogener Entwicklungsprogramme und Strukturen.

> **Das tun wir in Mosambik**
> Neben Maßnahmen zur HIV-Prävention und life skills-Trainings für Kinder und Jugendliche unterstützen wir lokale Partnerorganisationen bei der Entwicklung von Verbands- und Vereinsstrukturen. Zur Erarbeitung qualifizierter Sportangebote bilden wir gemeinsam mit unseren Partnern Trainerinnen und Trainer aus. Zudem fördern wir durch gemeinsame Veranstaltungen den Wissensaustausch und die Vernetzung zwischen Partnerorganisationen, um so das Angebot im Breitensport zu verbessern.

3.5 Selbstbestimmung und Inklusion – Fair Play nicht nur auf dem Sportplatz

Menschenrechte sind der Schlüssel zu nachhaltiger Armutsbekämpfung und inklusiver Entwicklung. Sport trägt dazu bei, sie ins Bewusstsein zu rücken und junge Menschen für ihre Rechte und die Rechte anderer zu sensibilisieren. Inklusive Vorhaben, die sowohl benachteiligte junge Menschen als auch andere Jugendliche ansprechen, unterstützen soziale Kohäsion und den Dialog. Deshalb integrieren wir benachteiligte Gruppen, die – sei es wegen ihres Geschlechts, ihrer kulturellen und ethnischen Zugehörigkeit, Armut, physischer und intellektueller Behinderungen oder anderer Gründe – ausgeschlossen sind, explizit in unsere Vorhaben.

Sport stärkt gerade Mädchen und junge Frauen in ihrem Selbstbewusstsein und innerhalb der Gemeinschaft. In vielen Ländern sind Mädchen im öffentlichen Raum wenig sichtbar, und sie können kaum Sportangebote wahrnehmen. Daher beteiligen wir diese Hälfte der Bevölkerung an unseren Sportangeboten und eröffnen ihr einen Weg zu mehr Autonomie. Auch Menschen mit Behinderung werden häufig von Sportangeboten ausgeschlossen. Wir ermöglichen ihnen mit unserem Engagement mehr Teilhabe, denn Sport wirkt Stigmatisierung und Isolierung von Menschen mit Behinderung aktiv entgegen.

> **Das tun wir in Afghanistan**
> Viele Mädchen und junge Frauen in Afghanistan möchten Sport treiben. Der Schulsport bietet ihnen eine der wenigen Möglichkeiten dazu; Vereinsangebote für sie gibt es kaum. Das BMZ unterstützt daher die Ausweitung des schulischen Sportangebots vor allem für Mädchen und qualifiziert Lehrerinnen gemeinsam mit dem afghanischen Bildungsministerium, dem DFB, dem Afghanischen Fußballverband (AFF) sowie weiteren nationalen Sportverbänden. Mit dem neu erworbenen Wissen führen sie an Schulen in Kabul und Masar-e-Scharif qualifizierten Sportunterricht für Mädchen durch.

4. Nachhaltigkeit jenseits des Spielfelds

Sport berührt viele Lebensbereiche. So tragen wir selbst dann Sportkleidung, wenn wir gar nicht sportlich aktiv sind. Eine nachhaltige Produktion von Sportbekleidung zeigt, wie eng die Verbindung von Sport und Entwicklung auch jenseits des Spielfelds sein kann. Faire Bedingungen in der Textilindustrie sind mir ein besonderes Anliegen. Deshalb hat das BMZ das Verbraucherportal www.siegelklarheit.de mit aufgebaut, auf dem die gängigsten Umwelt- und Sozialsiegel im Textilbereich bewertet und entsprechende Firmen aufgelistet werden – darunter auch Sportartikelhersteller.

Zudem unterstützen wir Entwicklungs- und Schwellenländer dabei, Sportgroßveranstaltungen nachhaltig zu planen und auszurichten. So haben wir sowohl bei der Fußball-WM in Brasilien als auch in Südafrika sportliche Begleitprogramme für Kinder und Jugendliche zur sozialen Nachhaltigkeit veranstaltet. Es bleibt indes eine Aufgabe, auch bei der Vergabe von Sportveranstaltungen darauf hinzuweisen, dass Teilhabe, Transparenz und Integrität grundlegend für ihr Gelingen sind.

Dann können große Sportereignisse das Bewusstsein für gemeinsame Werte wecken. Dazu gehört auch das Ziel der deutschen Entwicklungszusammenarbeit, zu einer Welt ohne Hunger, Armut und Not beizutragen. In diesem Sinne nutzen wir Sportgroßereignisse, um entwicklungspolitische Themen bekannt zu machen und Menschen dazu zu bewegen, sich entwicklungspolitisch zu engagieren.

5. Neue Partner. Neue Wege

Sport ist über alle geografischen, sozialen und kulturellen Grenzen hinweg attraktiv. Deshalb habe ich über den Sport neue Partner für die Entwicklungszusammenarbeit gewonnen, mit denen wir neue Kooperationsformen erproben. So kooperieren wir eng mit Sportverbänden, die in Entwicklungs- und Schwellenländern aktiv sind. Insbesondere die nationale und internationale Expertise des DOSB und des DFB nutzen wir für gemeinsame Vorhaben. Die Sportverbände wiederum profitieren von der entwicklungspolitischen Expertise des BMZ.

Auch arbeitet das BMZ mit dem United Nations Office on Sport for Development and Peace (UNOSDP) anlassbezogen immer wieder Hand in Hand, um dem Thema „Sport für Entwicklung" auf der internationalen Entwicklungsagenda mehr Gewicht zu verleihen. Zum Beispiel beim Recht von Kindern auf Sport und Freizeit oder beim Thema Korruption und Transparenz im Sport.

Die gute Arbeit deutscher und internationaler, aber auch nationaler Nichtregierungsorganisationen ist ebenso Voraussetzung dafür, dass sportbezogene Entwicklungsvorhaben nachhaltig zur gesellschaftlichen, sozialen und individuellen Entwicklung in unseren Partnerländern beitragen können.

Die wirtschaftliche Bedeutung des Sports wächst, daher sind gerade auch Unternehmen, die in diesem Bereich tätig sind, für uns potenziell wichtige Partner. Insbesondere Firmen, die über Produktionsstätten in unseren Partnerländern verfügen, können im Rahmen ihrer gesellschaftlichen Verantwortung einen Beitrag leisten.

Schließlich arbeiten wir mit der Deutschen Sporthochschule Köln (DSHS) und dem International Council of Sport Science and Physical Education (ICSSPE) zusammen. Mit diesen erforschen wir das Potenzial von „Sport für Entwicklung" und beraten uns beim Ausbau globaler Netzwerke. Außerdem begleiten sie die Durchführung unserer Aktivitäten durch unabhängiges Monitoring und Evaluierung.

6. „Mehr Platz für Sport – 1.000 Chancen für Afrika"

Schon zu Beginn meiner Amtszeit habe ich die Initiative „Mehr Platz für Sport – 1.000 Chancen für Afrika" ins Leben gerufen. Wir wollen im und durch Sport Räume schaffen, um Kinder und Jugendliche zu „bewegen" und ihnen dabei zu helfen, Perspektiven für ihr eigenes Leben zu entwickeln. Hierfür habe ich eine breite Allianz aus Sport, Zivilgesellschaft und Wirtschaft geschmiedet. Sie bündelt vorhandenes Know-how und stellt unterschiedliche Ressourcen zur Verfügung. Zu dieser Allianz gehören Unternehmen, Stiftungen, Verbände, Nichtregierungsorganisationen, Sportverbände und -vereine sowie internationale Organisationen. Sie bringen ihre jahrelange Erfahrung vor Ort, ihre sportpädagogische Expertise in der Trainerausbildung oder ihren Einsatz beim Aus- und Aufbau von Sportstrukturen ein. Organisationen vor Ort übernehmen Verantwortung für die inhaltliche Ausgestaltung des Programms. Wir geben den Anstoß – das Spiel findet in unseren Partnerländern statt.

„Mehr Platz für Sport – 1.000 Chancen für Afrika" – die Spielregeln:

Aus- und Aufbau von Sportplätzen: Auf Sportplätzen finden nicht nur Training und Wettkämpfe statt; sie sind auch soziale Treffpunkte und Orte des Austausches – deshalb ist ihr Aus- und Aufbau so wichtig.

Bereitstellung von Ausrüstung: Tore, Netze, Körbe, Bälle – ohne anständige Ausstattung keine attraktiven Sportangebote. Produziert wird nach Möglichkeit vor Ort – soweit realisierbar sozial und ökologisch nachhaltig.

Ausbildung von Trainerinnen und Trainern: Geschulte Lehrkräfte und Multiplikatoren von lokalen Partnerorganisationen können begeistern und Sportangebote anleiten, die den Sport mit entwicklungspolitischen Themen verbinden. Auch sind sie wichtige Vorbilder.

Förderung von Austausch und Begegnung: Trainerinnen und Trainer, Lehrkräfte, Nichtregierungsorganisationen, Vereine, Verbände und Regierungen – sie haben das gleiche Ziel und wertvolle Erfahrungen, von denen alle profitieren können.

Organisieren von Sportveranstaltungen: Sportcamps und Festivals erreichen größere Zielgruppen, fördern die Bewusstseinsbildung für Maßnahmen wie freiwillige HIV-Tests und schaffen Vertrauen bei den Eltern.

1.000 Chancen für Afrika
Eine Initiative des Bundesministerium
für wirtschaftliche Zusammenarbeit
und Entwicklung

SKATE-AID – WELTEN BEWEGEN

von Torben Oberhellmann

Libanon im September 2015 – brüllende Hitze, das Thermometer mit angezeigten 48,5 Grad Celsius bald am Limit. Unsere Aktivistin und ich auf skate-aid-Mission im Ort Hermes. Noch vor wenigen Jahren war dieses kleine Village als beliebtes Ausflugsziel für Erholung und Abenteuerurlaub bekannt. Jegliche Idylle scheint diesem Ort heute genommen, der nur zwei Kilometer von der syrischen Grenze entfernt liegt. Wir inspizieren mehrere Flüchtlingslager, um potenzielle Projektstandorte zu lokalisieren. Die Dunkelheit bricht herein und zwingt uns, so langsam den Heimweg einzuschlagen. Uns liegen Informationen vor, dass für die Nacht erneut Gefechte mit Splittergruppen des Islamischen Staates zu erwarten seien. Militärfahrzeuge haben bereits Stellung bezogen, plötzlich fallen Schüsse ...

Die Geburt von skate-aid

Unsere Vision und der gemeinsame Weg mit skate-aid startete nicht erst im Libanon, sondern begann, als Skateboard-Pionier Titus Dittmann 2009 beschloss, eine gemeinnützige Stiftung ins Leben zu rufen. Die Reise führt uns von Afghanistan über Süd- und Ostafrika nach Lateinamerika, den Nahen Osten und wieder zurück nach Europa. Der Satzungszweck und unsere Mission lauten kurz und knapp zusammengefasst: **Skateboarding für Entwicklung und Frieden.**

Wie oft schaut man uns verwundert und ungläubig an, wenn wir von Skateboarding als Mittel innerhalb der Jugendhilfe und Entwicklungszusammenarbeit sprechen. „Was sollen die Kinder in Afghanistan denn mit

Skateboards? Das ist doch wohl das Letzte, was sie benötigen!" Doch die Faktenhoheit liegt bei uns und überzeugt auch die härtesten Kritiker.

Meine eigene Geschichte begann 1994, als ich mit zwölf Jahren mein erstes professionelles Skateboard bekommen sollte, nachdem ich meine Eltern tagelang genervt hatte. Natürlich bei Titus gekauft. Mein bester Freund und ich – stolz wie Oskar! Zu Hause fragte meine ältere Schwester, ob ich nun ein Skater wäre. Ich hatte keine Ahnung, was sie meinte. Dieses Brett mit zwei Achsen und vier Rollen sollte mich jedoch wie so viele andere Jugendliche nicht mehr loslassen und mich in meinem Weg in die Erwachsenenwelt und darüber hinaus begleiten.

Während meines Engagements als Kinder- und Jugendbeauftragter in der Skateboardhalle „Skaters Palace" in Münster bekam ich ein grobes Gefühl dafür, welches Potenzial im Skateboarding steckt. Auch kristallisierte sich ein erstes grobes Berufsziel heraus, in dem ich meine Leidenschaft Skateboarding mit dem Willen, die Welt zu einem besseren Ort zu machen, vereinen können würde. Allerdings war zu dem Zeitpunkt Skateboarden als pädagogisches Mittel weitestgehend unbekannt. Erste Erfahrungen im internationalen Rahmen sammelte ich 2008 während der sechs Monate meiner Praxisphase innerhalb des Studiums der Sozialen Arbeit in Kapstadt. Neben einem Skateboard-Projekt für Straßenkinder baute ich mit einer Gruppe engagierter Südafrikaner einen Skatepark direkt neben der Township Isimatho Yetho. Ziel war es, ein Jugendkulturzentrum zu schaffen, in dem die Jugendlichen aus den verschiedenen Kulturen nach dem Ende der Apartheid einen gemeinsamen Ort der Freundschaft erleben konnten. Die Zeitungen gaben der Anlage den klingenden Namen „Park of Dreams".

Leider hatten wir immer wieder mit Korruption seitens der Behörden zu kämpfen, und ein gutes Jahr nach der mehr als erfolgreichen Eröffnung wurde der Skatepark von Bewohnern der Township in einer Nacht- und Nebelaktion demontiert. Es war einer der härtesten Winter seit 30 Jahren und die Bewohner des Slums sahen das Holz als eine gute Möglichkeit, ihre desolaten Hütten mit unserem Holz zu flicken. In der Not greifen Menschen zu Maßnahmen, um ihr Leid zu lindern, welche auf den ersten Blick für Außenstehende wenig sinnvoll erscheinen. Rein logisch betrachtet – aus der Sicht der Slumbewohner – erschließt sich der andere Blickwinkel.

Für mich war es hart, meinen Skatepark demoliert zu wissen, doch wenigstens hatten sie etwas Sinnvolles mit dem Holz gemacht. Und ich hatte viel gelernt, unter anderem, dass es notwendig ist, die lokale Bevölkerung von Beginn an mit einzubinden und Skateparks lieber aus Beton zu bauen.

Skateboarding bedeutet gerade für Straßenkinder in Kapstadt ein Stück Freiheit und Sicherheit. Foto: Torben Oberhellmann

Titus unterstützte zur gleichen Zeit ein Projekt in Afghanistan und wir kamen ungefähr zeitgleich von unseren Reisen zurück. In seinem Büro redeten wir uns in Rage, tauschten unsere Erfahrungen und Visionen aus. Das Potenzial von Skateboarding in der Entwicklungszusammenarbeit wurde uns dabei immer deutlicher. Um dieses dann in die Realität umzusetzen und auf solide Beine zu stellen, gründete Titus die Titus Dittmann Stiftung und setzte mich neben sich in den Vorstand – skate-aid war geboren.

Unser Weg

Zur Gründung konzentrierten wir uns auf unsere Kernkompetenzen und die Mittel, mit denen wir weltweit eine Vielzahl von Kids erreichen konnten.

Titus als Lehrer, erfolgreicher Geschäftsmann und Person des öffentlichen Lebens und ich mit der handwerklichen Ausbildung des Energieanlagenelektronikers und dem Master of Arts:
„Konzeptionsentwicklung und Organisationsgestaltung in der Sozialen Arbeit". Wir ergänzten uns wunderbar und legten folgende Handlungsfelder fest:

- Planung, Durchführung und Monitoring von Projekten
- Beratung und Betreuung von weltweiten Initiativen und NGOs
- Interkulturelle Austauschprogramme
- Fundraising und Bereitstellung von Materialien für die einzelnen Projekte
- Bündeln und Nutzen von Know-how, Manpower und Kontakten in die Skateboard-, Medien- und Geschäftswelt
- Öffentlichkeits-, informations- und jugendkulturelle Lobbyarbeit

Torben und Titus: Palästinensische Kinder bemalen ihren Skatepark kurz vor der Eröffnung. Foto: Thomas Diekmann

Als Zielgruppe definierten wir Kinder und Jugendliche, die aus üblichen Rastern fallen, die mit Armut, Gewalt und Krieg aufwachsen oder in ihrer individuellen Lebenssituation beeinträchtigt sind. Titus spricht in seinen Vorträgen oft von „pubertären Rotzlöffeln", die Individualisten, die Kreativen mit Hang zum Abenteuer, die in der Gesellschaft ihre Rolle suchen und die ihre fast grenzenlose Energie so oft mit Drogen, Gangs und Enttäuschungen verschwenden.

Diesen jungen Menschen und den Schwächsten der Gesellschaft geben wir Perspektive, Selbstvertrauen und ein Stück Normalität zurück und begleiten sie auf ihrem Weg zu verantwortungsbewussten und starken Individuen. Wir regen die Kids zum selbständigen Denken an und geben ihnen Kompetenzen für eine erfolgreiche Lebensbewältigung an die Hand.

Beim Skateboarden steht der Spaß im Vordergrund, hier in Ruanda. Foto: Maik Giersch

Gemeinsam zum Erfolg

Dass wir viel Zeit, Energie und Geld verschwenden werden, wenn wir versuchen, die Projekte eigenständig umzusetzen, war uns von Beginn an klar. So arbeiten wir in der Regel immer mit starken und vertrauenswürdigen Partnerorganisationen zusammen und nutzen die daraus entstehenden Synergien. Zu unseren Partnern zählen unter anderem SOS-Kinderdörfer weltweit, Shangilia, die Grünhelme und eine Vielzahl lokaler NGOs. Dabei werden die unterschiedlichen Kompetenzen und Ressourcen für den bestmöglichen Erfolg gebündelt. Die Partnerorganisationen blicken in den jeweiligen Ländern bereits auf ausgiebige Erfahrungen im Umgang mit den Menschen, deren Kultur und den strukturellen Besonderheiten zurück. So findet auf unserer Seite nicht nur eine schnelle Einarbeitung in wichtige Themen für die Arbeit vor Ort statt, sondern es können auch viele Kosten eingespart werden. Oft nutzen wir die logistischen Strukturen der Partner wie beispielsweise Unterkunft, Transportmittel oder Büroräume.

Wir definieren uns als eine Art Dachorganisation für die einzelnen Projekte. Mittel- und langfristig ist es immer unser Ziel, Eigenständigkeit zu fördern und die Verantwortung und Organisation an geschulte und verantwortungsvolle Personen aus dem jeweiligen Projektland zu übergeben. Wir stehen unseren lokalen Projektpartnern natürlich weiterhin als Berater und Förderer in den verschiedensten Bereichen zur Verfügung.

Über den Tellerrand schauen

Afghanische Mädchen bemalen die Mauer am Skatepark: „PEACE".
Foto: Mirwais Mohsem

Neben der sportlichen Betätigung über das Skateboarden legen wir bei all unseren Projekten großen Wert auf die Einbindung von Querschnittsthemen wie Bildung, Medien, Musik, Kunst, Sprachkurse, Demokratieverständnis, Gleichberechtigung und den Problemlagen der lokalen Bevölkerung wie Armut, häusliche Gewalt, HIV oder allgemeine soziale Missstände. Diese Themen greifen wir in individuellen Gesprächen oder in Workshops auf. Die Workshops sind fester Bestandteil eines Projektes und werden entweder von unseren Partnerorganisationen oder unseren Freiwilligen vor Ort angeboten. Ein weiteres Ziel der Arbeit mit marginalisierten Kindern und Jugendlichen ist es, diese über die lokal geschaffenen Projektstrukturen aufzufangen und ihnen durch Netzwerkarbeit wieder einen Zugang zu Bildung, Ausbildung, Schule und Arbeit zu verschaffen.

So wurde zum Beispiel in Afghanistan der erste demokratisch organisierte Skateboardverein, die Afghan Street Dogs, gegründet. In Costa Rica wurde ein kleiner Garten angelegt und es werden Ernährungs- und Kochkurse angeboten. In Kapstadt haben wir mit einer Gruppe von Straßenkindern eine Miniramp gebaut. Der achtzehnjährige Ethian lebte vier Jahre auf der Straße und war so begeistert vom Schweißen, Schrauben, Hämmern, dass wir ihn anschließend in ein Unternehmen für Metallverarbeitung vermitteln konnten, wo er heute noch immer arbeitet. Mit jungen Erwachsenen aus Uganda haben wir Projektmanagement-Workshops durchgeführt und zwei Jungs eröffneten anschließend ihr eigenes kleines Chicken-Business. Erfolgsgeschichten, von den es einige gibt und die das gesamte Team immer wieder in ihrer Arbeit bestätigen.

Punktesystem

Ziemlich klar, dass ein Deutschsprachkurs oder Unterstützung beim Fegen des Skateparks nicht unbedingt die liebsten Freizeitbeschäftigungen vieler Kids sind. Trotzdem ist es uns wichtig, die Kinder und Jugendlichen zu sozialem Engagement zu motivieren und ihre Bereitschaft zum Lernen zu fördern. Außerdem gilt es, Neidsituationen zu vermeiden und die Kinder und Jugendlichen nicht in eine „Nehmermentalität" verfallen zu lassen. Deswegen werden von skate-aid bereitgestellte Güter beziehungsweise

Equipment grundsätzlich nicht verschenkt oder einfach so herausgegeben. Wir haben uns hierfür ein Belohnungssystem erarbeitet.

Rampenbauworkshop mit Straßenkindern in Kapstadt.
Foto: Clive Crafton

Die Idee kam auf, als zwei Kinder aus einer Township zu uns kamen und recht frech ein Skateboard einforderten. Als ich etwas erstaunt nachfragte, aus welchen Gründen gerade sie, antworteten die Jungs mit einer erschreckenden Selbstverständlichkeit, dass sie letzte Woche doch auch noch von einer anderen Hilfsorganisation Fußbälle geschenkt bekommen hätten. Versteht sich, dass ihre Brüder übrigens auch noch eins benötigten. Wir erwiderten, sie sollten morgen nach der Schule zum geplanten Park kommen und sie dürften uns bei den Vorbereitungen unterstützen. Wenn sie eine Zeitlang Engagement und ordentliches Benehmen an den Tag legten, dann bekämen sie auch ihr eigenes Skateboard. Die Jungs waren anschließend fast jeden Tag vor Ort und bekamen wie versprochen ihre Skateboards. Doch noch viel wertvoller für sie war das grandiose Gefühl, ein Teil des Skateparks zu sein und etwas Außergewöhnliches mit ihren eigenen Händen geschaffen zu haben.

Daraufhin haben wir unser Punktesystem entwickelt und jeweils den Projekten angepasst. Bei der Teilnahme an Workshops, Unterstützung und Übernahme von Verantwortung bei Aufgaben am Skatepark, guten Schulnoten, gutem Verhalten, sozialem Engagement etc. können Punkte gesammelt und eingetauscht werden. Für die Workshops nutzen wir die Kompetenzen unserer Freiwilligen oder der Partnerorganisation. Hier gilt der altbekannte, aber effektive Ansatz des „Forderns und Förderns". Schließlich gibt es sonst auch kaum Lebensbereiche, in denen man etwas geschenkt bekommt. Leistungsbereitschaft und Einsatzwillen wiederum zahlen sich aus. Wenn die Kids dann schon ganz nervös fragen, wann denn nun endlich der nächste Deutschkurs ist, weil nur noch zwei Punkte für die neuen Kugellager fehlen, erfüllt uns dieser phänomenale Moment mit Stolz.

Die Wissenschaft und Pädagogik hinter dem Skateboarding

Dass sich Sport auf die Entwicklung von Menschen positiv ausübt und welches Potenzial in ihm steckt, wird in den Artikeln in diesem Buch mehr als deutlich. Sport fördert den kognitiven, affektiven sowie sozialen Bereich. Sport fördert die körperlichen und motorischen Entwicklungsprozesse, das Immunsystem, kognitive Fähigkeiten sowie die allgemeine Gesundheit auf der psychologischen, physiologischen und sozialen Ebene. Durch positive Erfahrungen erfolgen eine Steigerung von individuellen Bewältigungskapazitäten und der Ausbau des Kohärenzgefühls und der Copingstrategien. Im Sport werden Unterschiede zwischen sozialen Milieus aufgehoben und Sport kann Orientierung geben. Sport birgt zahlreiche Anlässe, seinen Körper kennenzulernen, er wirkt inklusiv, steigert das Selbstvertrauen, die Selbstwahrnehmung, das Selbstwertgefühl. Die Liste der Möglichkeiten und Fähigkeiten, die dem Sport zugeschrieben werden, scheinen schier unendlich. Doch was ist nun das Besondere an Skateboarding, an diesem Brett mit vier Rollen?

Individualsport und intrinsische Motivation

Obwohl Skateboarder oft stundenlang an einem Treppengeländer ihre

Tricks üben, würde kaum einer von ihnen sagen, er gehe zum Training. Der Jugendliche identifiziert sich mit dem Skateboard und seinem Umfeld. Er lebt einen freizeitkulturellen Lebensstil, der gekennzeichnet ist durch Freude an der Sache selbst mit den Parametern Spaß, Entspannung, Reiz, Abenteuer, Lust und Laune.

Wie bereits angedeutet, spielt intrinsische Motivation eine Hauptrolle. Skateboarding dient in erster Linie dem Selbstzweck. Dem Ziel, besser zu werden, und ist somit eine „ideale Synthese aus Leistungsbereitschaft, Kreativanspruch, dem festen Willen zur Eroberung urbaner Räume und der Adaption dieses Lifestyles. Also eine ideale Vorbereitung junger Menschen auf die Herausforderungen innerhalb der Gesellschaft." (Titus Dittmann) Leistungsgedanken wie bei kompetitiv geprägten Mannschaftssportarten, bei denen man trainiert, um am Tag des Spiels zu gewinnen, sind zweitrangig und Skateboard-Wettbewerbe scheinen eher den Charakter von Familientreffen zu haben. Auch gibt es keine Trainingszeiten oder Trainer mit Pfeife, die am Wochenende bestimmen, wer spielen darf und wer mal wieder auf der Bank sitzen muss. Man kann sich auch nicht wie bei Mannschaftssportarten hinter seinen Mitspielern verstecken und trotzdem gewinnen. Erfolge werden als selbst verursacht wahrgenommen und wirken sich positiv auf das Selbstkonzept aus. Skateboarding ist ein Individualsport, der jedoch nur in der Gemeinschaft richtig Spaß macht, in der man sich organisieren muss und ausprobieren kann. Somit erregt Skateboarding insbesondere Faszination bei Jugendlichen in der pubertären Orientierungsphase, die sich schwer an geordnete Strukturen, Zeiten und Regeln halten können. Mithilfe des Skateboardings lernen sie sich und ihren Alltag selbst zu organisieren, ohne Zwang zu verspüren.

Sportwissenschaftlerin Dr. Marie Ghanbari bestätigt diese Beobachtung. In ihrer Dissertation untersuchte sie unter anderem die Wirkung von informellen nicht organisierten Sportarten und formellen organisierten Sportangeboten. Dabei bekräftigt sich deutlich ihre These, dass „sich Kinder und Jugendliche im informellen Sportsetting und beim selbst organisierten und freien Bewegungsspiel wesentlich selbstbestimmter mit ihrem Körper und Peers auseinandersetzen und damit in besonderer Weise relevante Facetten des Selbstkonzepts, u. a. sozial, emotional, physisch, gefördert werden, was sich letztlich auf die psychische und physische Gesundheit auswirkt." (Dr. Marie Ghanbari)

Skateboarding fördert so den Zusammenhalt in einer individualistischen Gesellschaft und eignet sich besonders, um zum Beispiel Flüchtlinge aus einer kollektivistischen Gesellschaft aufzufangen und ihnen Halt und Integration nach einem ihnen bekannten Muster der Gemeinschaft zu geben. Denn Skateboarder finden sich freiwillig zusammen, sie verbindet ihre Leidenschaft zum Skateboard.

Bericht eines Skateboarders

Der Sozialarbeiter und Skateboarder Alexander Krick war als Freiwilliger sechs Monate in einem Slum in Nairobi und hat unser Projekt dort aufgebaut. Er beschreibt Skateboarding folgendermaßen:

„Die Entwicklung beim Skateboardfahren nimmt kein Ende. Du kannst irgendwann fünf Stufen herunterspringen, also ist dein nächstes Ziel sechs, sieben ... zehn Stufen. Beim Fußball ist das Ziel, Tore zu schießen. Da die Entwicklung beim Skateboarding nie aufhört, wird die Frustrationstoleranz sehr auf die Probe gestellt. So gibt es Tage, an denen fast gar nichts klappt, und man versucht die ganze Zeit einen Trick. Man lernt, immer wieder aufzustehen, wenn man auf dem Boden liegt, und versucht es erneut, so lange, bis es klappt. Man gibt eben nicht so schnell auf, als wenn man in einem Fußballspiel 4:0 hinten liegt. Jemand, der Skateboard fährt, will immer weiter und höher. Skateboardfahren gibt einem ein Freiheitsgefühl, man kann sehr kreativ sein bei dieser Sportart. Alles, was man sieht, kann man skaten, ob es das einfache Herumfahren in den Straßen, Tricks an Curbs[1] machen oder das Herunterspringen von Stufen ist. Alles das ist Skateboarding, es gibt keine Regeln, was man tun und lassen muss, beim Skateboardfahren." (Alexander Krick)

Internationale Vernetzung und Jugendaustauschprogramme

Frieden ist nur möglich, indem Werte, Normen und Weltanschauungen unterschiedlicher Kulturen ausgetauscht, verstanden, vermittelt und ergänzt werden. Skateboarding ist in diesem Bereich also ein hervorragendes Instrument der Verständigung und Akzeptanz.

Kinder mit und ohne Behinderungen verbringen beim Skateboarden gemeinsam ihre Freizeit – in Afrika eine Seltenheit. Foto: Peter Schlegel

Unterschiede zwischen Menschen werden oft als Fremdheit empfunden, seien sie kultureller, psychischer oder physischer Natur. Fremdheit führt oft zu Konflikten, denn das Fremde verunsichert und stellt damit das eigene Wissen infrage, wodurch Unbehagen oder gar Angst erzeugt werden kann. Begriffe wie Fremdenfeindlichkeit oder Fremdenhass spiegeln das Phänomen wider und führen fast zwangsläufig zu psychischer oder physischer Gewalt. Allerdings ist für die Identitätsentwicklung einer Person genau die aktive Auseinandersetzung mit der Differenz (dem Fremden) erforderlich. Denn nur über die Auseinandersetzung mit dem Anderen erfahren wir etwas über uns selbst und das Unbekannte. Nur so können

Verständnis und Akzeptanz entstehen und Frieden bewahrt oder hergestellt werden.

Bei unseren Projekten legen wir großen Wert auf den interkulturellen Austausch. Dieser kann automatisch am Skatepark erfolgen, wie beispielsweise in Uganda. Muslime und Christen fahren hier täglich gemeinsam Skateboard, ohne dass die Religionszugehörigkeit auch nur irgendeine Rolle spielt. Nur wenn Peter mal wieder nach einer Skateboard-Session fast umkippt, weil es während des Ramadan noch ein paar Stunden bis zum Sonnenuntergang sind und er bei knapp 40 Grad sportlicher Höchstleistung nichts getrunken hat, blitzt kurz die Religionszugehörigkeit durch; das wird jedoch ohne Kommentar akzeptiert. In Kenia leben über 52 unterschiedliche Volksgruppen zusammen. Der Skatepark liegt direkt zwischen einem Villenviertel und einem Slumgebiet, doch die Besucher im Skatepark sind alle einfach Skateboarder.

Wir legen großen Wert auf internationale Austauschprogramme mit jungen Menschen. Wir geben jungen Erwachsenen aus Industrieländern die Möglichkeit, für einen längeren Zeitraum direkt vor Ort mitzuarbeiten. Ihre Aufgabe ist es, die Projekte mit aufzubauen, Personen vor Ort zu schulen, Strukturen zu schaffen, Workshops durchzuführen und natürlich in den interkulturellen Austausch zu treten. Bei überregionalen Arbeitsgruppen mit Teilnehmern aus den Projekten sowie spaßorientierten internationalen Wettbewerben liegt der Fokus auf der Vernetzung der Projekte und dem gegenseitigen Lernen. Im Sinne des Süd-Nord-Austausches geben wir besonderen Jugendlichen und jungen Erwachsenen die Möglichkeit, nach Deutschland zu reisen und hier verschiedene Workshops zu besuchen. Herausragend ist der zwanzigjährige Douglas Mgwesia aus Uganda. Er hat aus seiner intrinsischen Motivation heraus den jüngeren Kids Skateboard-Unterricht gegeben und sich durch sein besonderes soziales Engagement ausgezeichnet. Bis zu diesem Zeitpunkt konnte er nur vier Jahre die Schule besuchen, seine Familie konnte sich mehr nicht leisten. Seine Jobaussichten standen dementsprechend mehr als schlecht. Als er dann einen Skateboard-Contest und den ersten Preis in Form einer Ziege gewann, verkaufte er diese umgehend und nutzte das Geld, um sich ein weiteres Jahr Schulbildung zu finanzieren. Daraufhin waren wir so begeistert von ihm, dass wir ihm einen vierwöchigen Aufenthalt in Deutschland organisierten. Wir konnten Spenden für seine weitere Schulbildung und einen Laptop sammeln und führten verschiedene Kompetenz-Workshops mit ihm durch.

Douglas als Skateboard-Trainer in Tansania. Foto: Tobias Andreae Jäckering

In den Ferien reiste er öfter als Skateboard-Trainer nach Tansania. So konnte er neben neuen Eindrücken vor allem auch seinen Lebensunterhalt durch das Gehalt sichern. Wir wollten, dass Douglas den anderen Jugendlichen aus dem Slum als Vorbild dient. So kommunizierten wir, dass er nicht aufgrund seiner Qualitäten als Skateboarder nach Deutschland reisen durfte, sondern allein wegen seines sozialen Engagements, seines Bemühens um Schulbildung und seines absoluten Willens, etwas aus seiner schwierigen Situation zu machen. Als ich ein paar Monate später von einem Besucher der Anlage hörte, dass der Park bis auf die Abende und die Wochenenden kaum noch von Jugendlichen genutzt wurde, wunderte ich mich zunächst und war sehr enttäuscht. Doch er erzählte weiter, dass viele der Kids jetzt wieder zur Schule gehen oder sich aktiv um Arbeit kümmern würden. Der Besuch in Deutschland war demnach nicht nur für Douglas wertvoll.

Ein weiterer Part des internationalen Lernens findet sich in der Zusammensetzung unserer Handwerkerteams für den Bau der Skateparks wieder. Den Park in Palästina am SOS-Kinderdorf bauten zum Beispiel Handwerker aus folgenden Ländern: die USA, Serbien, Jordanien, Palästina, Deutschland und England. Für die Zukunft werden wir ein Team aus Afrikanern zusammenstellen und im Bau der Anlagen ausbilden. So transferieren wir unser Wissen und schaffen vor Ort neue Arbeitsplätze.

Die skate-aid Weltkarte

Seit der Gründung können wir inzwischen auf über 30 Projekte in 19 Ländern auf vier Kontinenten zurückblicken. Jedes Projekt ist in Umfang und pädagogischem Rahmenkonzept mit den Zielsetzungen unterschiedlich. Dabei legen wir einen besonderen Fokus auf die regelmäßige Evaluierung und die kontinuierliche Weiterentwicklung der Projekte.

Neben der Titus Dittmann Stiftung wurden inzwischen zwei weitere skate-aid e. V. mit Sitz in München und Sitz in Essen ins Leben gerufen. Zudem gründete die Stiftung eine Tochterfirma, die skate-aid support GmbH. Nachdem skate-aid in Deutschland Fuß gefasst hat und auf einem starken Fundament steht, gilt es, die Internationalisierung voranzutreiben.

Oase Skateboarding

... plötzlich fallen Schüsse. Unser Taxifahrer schreit zu uns rüber, wir sollen in Deckung gehen! Ich wage vorsichtig einen Blick über das Autowrack, welches uns als Deckung dient. Es stehen fünf Personen auf dem Haus und feuern mit ihren AK-47 in unsere Richtung – in die Luft – und begrüßen so die heranfahrende Hochzeitsgesellschaft. Zum Glück falscher Alarm. Bislang ist unseren Mitarbeitern, Freiwilligen und den Kids aus den Projekten nichts Schlimmeres passiert, sieht man von den Diebstählen, Überfällen, einer kleineren Entführung oder Terroranschlägen in der Gegend ab. Auch wenn wir größten Wert auf die Sicherheit unserer Mitarbeiter und Freiwilligen legen, können wir nicht alle Gefahren ausschließen. Und trotzdem oder genau wegen dieser Lebensumstände, der Kriege, der Armut und der Terroranschläge, der Drogen und der Perspektivlosigkeit, die das Leben der Kinder und Jugendlichen tagtäglich bestimmen, gilt es, ihnen eine Oase zu schaffen, in der sie Kind sein dürfen, sich ausprobieren und zu verantwortungsvollen und selbständigen Individuen heranreifen können. Denn es sind genau diese Kinder und Jugendlichen, welche eine starke Gesellschaft von morgen bilden, und nur sie können Veränderung ins Rollen bringen.

Skateboarding für Entwicklung und Frieden ...

Fußnoten

1   Ein Curb ist eine Kante, an der man Grinds (auf der Achse rutschen) oder Slides (auf dem Deck rutschen) mit dem Skateboard machen kann.

SPORT IN DER ENTWICKLUNGSZUSAMMENARBEIT

von Martin Schulz

2015 war das Europäische Jahr der Entwicklung. Unter dem Motto „Unsere Welt, Unsere Würde, Unsere Zukunft" stand das Ziel im Vordergrund, unterschiedliche Akteure in der europäischen Entwicklungszusammenarbeit zusammenzubringen und klar die aktive Rolle Europas bei der Förderung der Entwicklung und im Kampf gegen Armut aufzuzeigen. Denn Solidarität als Grundwert der europäischen Idee ist auch in der Entwicklungszusammenarbeit maßgebend.

Die Europäische Union und die 28 Mitgliedsstaaten sind zusammen der größte Geber internationaler Entwicklungshilfe und leisten über die Hälfte der gesamten finanziellen Entwicklungszusammenarbeit weltweit. Wie ein Bericht der Europäischen Kommission vom April 2016 zeigt, hat die EU gemeinsam mit den Mitgliedsstaaten im Jahr 2015 68 Milliarden Euro an Entwicklungshilfe bereitgestellt und ist in 140 Staaten aktiv. Die EU konzentriert sich dabei auf die Regionen der Welt, die diese Hilfe am dringendsten benötigen, da sie häufig von Naturkatastrophen oder inner- oder zwischenstaatlichen Konflikten betroffen sind, oft mit verheerenden Folgen für deren Einwohner. Hier setzt die Entwicklungszusammenarbeit an: Im Zeitraum 2014–2020 werden rund 75 % der Gelder für die ärmsten Länder der Welt verwendet. Hervorzuheben ist, dass die Programme der EU langfristig über mehrere Jahre hinweg angelegt sind und damit eine planbare nachhaltige Entwicklung ermöglichen sollen. Das Europäische Parlament ist durch den Ausschuss für Entwicklung (DEVE) an der Entscheidungsfindung und Beschlussfassung darüber beteiligt, wie viele EU-

Mittel für Entwicklungszusammenarbeit zur Verfügung gestellt werden, und es überprüft, wie unter anderem die Europäische Kommission und der Europäische Auswärtige Dienst diese Mittel verwenden.

Seit dem Jahr 2000 stehen die Millenniums-Entwicklungsziele der Vereinten Nationen im Zentrum der europäischen Entwicklungspolitik: die Bekämpfung von extremer Armut und Hunger, eine Grundschulbildung für alle, die Förderung der Gleichstellung der Geschlechter, die Senkung der Kindersterblichkeit, die Verbesserung der Gesundheit für Mütter, die Bekämpfung von HIV/Aids, Malaria und anderen Krankheiten, die Sicherung der ökologischen Nachhaltigkeit sowie der Aufbau einer weltweiten Entwicklungspartnerschaft.

Laut einem Bericht der Vereinten Nationen wurden weltweit große Fortschritte in den meisten der acht ehrgeizigen Entwicklungsziele gemacht. Die extreme Armut wurde halbiert und geht in allen Regionen der Erde zurück. Der Prozentsatz an Kindern, die in Entwicklungsregionen eine Grundschule besuchen, ist auf 91 % angestiegen, und die Einschulungsraten der Mädchen sind nun genauso hoch wie bei Jungen. Zudem haben heute mehr als 2,6 Milliarden Menschen Zugang zu sauberem Trinkwasser. Die Zahlungen aus EU-Geldern haben dazu einen erheblichen Beitrag geleistet.

Die Entwicklungsziele der Vereinten Nationen sind 2015 abgelaufen. Das darf uns aber keinesfalls davon abhalten, diese Ziele weiterhin mit großem Ehrgeiz und großem Engagement zu verfolgen. Denn auch wenn bedeutende Fortschritte erzielt wurden und die EU eine effiziente Koordinierung von Maßnahmen ermöglicht, sind wir noch nicht da, wo wir hinwollen. Bis 2015 setzten sich die Mitgliedsstaaten das Ziel, die Zahlungen für die Entwicklungshilfe auf 0,7 % des Bruttonationaleinkommens zu erhöhen; eingehalten wurde dies nur von Schweden, Luxemburg, Dänemark, den Niederlanden und Großbritannien. Im Schnitt kamen wir nur auf 0,43 %, also gerade einmal etwas mehr als die Hälfte von dem, was wir uns vorgenommen hatten. Wir können es uns nicht leisten, auf halber Strecke stehen zu bleiben. Deshalb begrüße ich die noch ambitionierteren Nachhaltigkeitsziele, die vergangenes Jahr beschlossen wurden: die *17 Sustainable Development Goals*. Einerseits werden die Millenniumsziele damit weitergeführt, andererseits werden auch grüne, nachhaltige und *Governance* Agenden aufgegriffen.

Das vorrangige Ziel bleibt die Beseitigung von Armut. Wir müssen den Menschen in den Entwicklungsländern helfen, ihre Entwicklung selbstbestimmt voranzutreiben und die Demokratisierung zu fördern. Eine Dimension, die in der Diskussion leider immer noch viel zu wenig Beachtung bekommt, ist jene des Sports. In der Resolution 58/5 der Vereinten Nationen wird die Rolle von Sport als Mittel zur Förderung der Bildung, der Gesundheit, der Entwicklung und des Friedens betont. Für die UNESCO gilt Sport seit 1978 als Grundrecht. Sport bewegt uns alle und die ganze Welt. Beim gemeinsamen Treiben von Sport lassen sich Kontakte knüpfen, während gleichzeitig das Bewusstsein für Fairness, Fair Play, Respekt und demokratisches Verhalten geschult wird. Nicht zuletzt haben mir meine eigenen Erfahrungen als Fußballspieler aufgezeigt, wie inhärent diese wesentlichen Grundwerte eines respektvollen Zusammenlebens im Sport sind.

Das Europäische Parlament führt in einer Entschließung zu Entwicklung und Sport an, dass Projekte im Bereich Sport zur Erreichung der Sustainable Development Goals – vor allem in den Bereichen Gesundheit, Bildung, Gleichberechtigung und Umwelt – beitragen können. In Entwicklungsländern gestalten sich die Rahmenbedingungen für sportliche Betätigung um ein Vielfaches schwieriger. Oft fehlt es an geeigneten Plätzen, an Material oder schlichtweg an Zeit, um Sport ausüben zu können. Darunter leiden insbesondere die Kinder, denen es an Möglichkeiten mangelt Sport auszuüben oder denen durch lange Schulwege oder durch die Notwendigkeit, bereits in jüngsten Jahren durch Arbeit zur Unterstützung der Familie beizutragen, keine Zeit und Kraft mehr für Sport bleibt.

Gemäß der Kinderrechtskonvention der Vereinten Nationen haben Kinder das Recht auf Spielen. Sport ist also unverkennbar von großer Bedeutung. Neben den positiven Effekten auf die Gesundheit und den positiven Auswirkungen auf unsere Persönlichkeit verfügt Sport über eine enorme integrative und soziale Dimension. Als Querschnittsinstrumente können Sportprojekte beim Aufbau in zentralen Bereichen wie Gesundheit, etwa der HIV/Aids-Prävention, und der Bekämpfung von sozialer Ausgrenzung von großem Nutzen sein. Es geht darum, soziale Barrieren spielerisch zu überwinden, während Teamgeist und Toleranz gefördert werden. Beim Sport sind alle gleich, ungeachtet des Geschlechts, der politischen Orientierung oder der ethnischen Zugehörigkeit. Sport kann somit dabei helfen, gesellschaftliche Konflikte abzumildern. Wer bereits in jungen Jahren lernt, Konflikte auf spielerische Art und Weise auf dem Fußballplatz auszutragen, wird auch im Erwachsenenleben eher auf friedliche Strategien zur Konfliktlösung zurückgreifen.

Eine Organisation, die ich als leidenschaftlicher Fußballfan schon lange und begeistert unterstütze, ist *Streetfootballworld*. Fußball erfreut sich über alle Kontinente hinweg an großer Beliebtheit – sei es während medialer und emotionaler Großereignisse wie der Fußballweltmeisterschaft oder beim Kicken auf der Straße. Er verbindet Nationen, schafft Freundschaften und hilft manchmal sogar den Ärmsten der Armen, ihre Not für kurze Zeit zu vergessen. Die Organisation setzt auf das große Potenzial von Fußball und unterstützt Sozialprojekte in 51 Ländern auf der ganzen Welt, um soziale Ungerechtigkeiten abzubauen. Ihr globales Netzwerk umfasst mehr als 100 Gemeinschaftsorganisationen, unterstützt wird es neben Wirtschaft und Sport auch von der Europäischen Kommission. *Streetfootballworld* nutzt den Mannschaftssport Fußball als Werkzeug dafür, Jungen und Mädchen die fundamentalen Werte Teamgeist, Toleranz, Respekt und Gewaltverzicht näherzubringen. Die Spielerinnen und Spieler werden so mit dem notwendigen Selbstvertrauen und Wissen ausgestattet, damit sie auch selbst Verantwortung in ihrer Gemeinschaft übernehmen können. Dieser ermutigenden Botschaft liegt aber vor allem auch der Spaß am Fußball zugrunde. Natürlich ist klar, dass sich nur die wenigsten bis ganz nach oben kicken können. Auch wenn die unglaublichen Erfolgsgeschichten von so manchen Fußballern viele Jungen und Mädchen inspirieren, muss darauf geachtet werden, dass sie bei aller Freude am Sport die Realität nicht aus den Augen verlieren und weiterhin ihre Zeit und Energie in ihre Bildung investieren. Sport ist gesund und wichtig, bietet aber nur den allerwenigsten einen Ausweg aus der Armut.

Auch der Verein Jambo Bukoba zeigt auf, welche Rolle Sport in einer nachhaltigen Entwicklungszusammenarbeit einnehmen kann. Jambo

Bukoba unterstützt in Tansania Schulprojekte, wo mehr als 45 % der Bevölkerung jünger als 15 Jahre sind. Sport gilt dem Gründer Clemens Mulokozi für die junge Generation als Hoffnungsträger und lässt die Kinder erfahren, Dinge aus eigener Kraft zu schaffen. Als Ziel hat sich die NGO gesetzt, Gleichberechtigung zu stärken. Eigens entwickelte Spiele stärken das Selbstbewusstsein von Mädchen, auch über HIV/Aids wird aufgeklärt und es dadurch aus der Tabuzone geholt. Unterstützt wird Jambo Bukoba unter anderem von den Vereinten Nationen. Seit 2008 wurden in der Region um die Stadt Bukoba 700 tansanische Lehrer in einem Programm für Sportunterricht weitergebildet – 370.000 Schülerinnen und Schüler können nun von regelmäßigem Sportunterricht profitieren.

Wir haben der Dimension von Sport in der Entwicklungszusammenarbeit noch nicht ausreichend Beachtung geschenkt. Dass Sport alleine kein Wundermittel ist, steht außer Frage. Aber das Engagement von Organisationen wie *Streetfootballworld* und Jambo Bukoba zeigt, wie erfolgreich die Verknüpfung von Sport und sozialen Herausforderungen ist. Immerhin hat das Europäische Parlament in seiner Entschließung zu Entwicklung und Sport auch betont, dass Sportprojekte kostengünstige und wirksame Projekte darstellen. Die Eurobarometer-Umfrage anlässlich des Europäischen Jahres der Entwicklung 2015 verdeutlichte, wie wichtig Entwicklungspolitik für viele Europäerinnen und Europäer ist: Trotz der schwierigen wirtschaftlichen Lage ist für eine große Mehrheit von 85 % der Befragten Entwicklungszusammenarbeit wichtig. 67 % wünschen sich eine Erhöhung an EU-Mitteln für Entwicklungszusammenarbeit. Die EU als größter Geber in der Entwicklungszusammenarbeit kann hier eine Vorreiterrolle einnehmen, etwa durch gezielte finanzielle Unterstützung von weitsichtigen Projekten und Organisationen. Wir müssen unserer globalen Verantwortung nachkommen. Schließlich geht es um unser aller Welt, unser aller Würde und unser aller Zukunft.

SPORT HAT GROSSES POTENZIAL IN DER ENTWICKLUNGSARBEIT

von Neven Subotic

Einige von Ihnen, liebe Leser, kennen mich vielleicht als Innenverteidiger von Borussia Dortmund und seit 2017 des 1. FC Köln. Doch meine große Liebe Fußball ist nur ein Teil meines Lebens. Abseits des Fußballplatzes nutze ich meine Popularität als Sportler, um mit der Neven-Subotic-Stiftung Brunnen und Sanitäranlagen in den ärmsten Regionen der Welt zu bauen. Begleiten Sie mich ein Stück auf meiner Reise!

Kapitel 1 – Mein Leben

Diese Reise beginnt auf den Feldern rund um Banja Luka. Hier, im Einzugsgebiet einer der größten Städte im damaligen Jugoslawien, wuchsen Zeljko und Svjetlana auf, meine Eltern. Hier lernten sie, sich den Herausforderungen des Lebens mit einem inneren Kampfschrei zu stellen. Hier spürten sie, dass sich jedes Problem mit der Zeit lösen lässt, wenn man nur hart genug daran arbeitet. Nie waren sie sich zu schade, so lange an einem Berg zu kratzen, bis er vollständig abgetragen war. Das hat mich geprägt und zu dem Menschen gemacht, der ich heute bin. Seit ich ein kleiner Junge bin und meinem Vater auf einer Baustelle geholfen oder mit meiner Mutter meine Schule geputzt habe, weiß ich, dass ich hart arbeiten muss.

Doch der Reihe nach. Gehen wir zurück in die Zeit, in der meine Eltern in etwa in dem Alter waren wie die Kinder, die wir heute mit der Neven-Subotic-Stiftung auf ihrem Weg in eine bessere Zukunft unterstützen.

Mein Vater entstammt einer einfachen Bauernfamilie und spürte von Beginn seines Lebens an, wie es ist, gegen Widerstände anzugehen. Sein Traum war es, Profifußballer zu werden. Doch sein ambitioniertes „Geschäftsmodell" versprach damals wenig Erfolg, Unterstützung bekam er daher nur wenig. Das hielt ihn allerdings nicht auf – im Gegenteil. Es machte seinen Willen nur noch stärker. Jeden Tag lief er 20 Kilometer zu Fuß zum Fußballtraining, ging zur Schule und schuftete auch noch auf den Feldern der Familie.

Auch meine Mutter ist in einfachen Verhältnissen groß geworden. Anstatt 20 Kilometer zum Training lief sie – als Erste überhaupt aus ihrer Familie – täglich 12 Kilometer zur Schule, ohne sich zu beschweren. Nach dem Unterricht kümmerte sie sich um den Haushalt, sie kochte, putzte, wusch Wäsche. Und wenn auf dem Feld etwas zu erledigen war, half sie auch dort aus. Sich über das Leben zu beklagen, war ihr fremd.

Gemeinsam bauten sie sich später ein gutes Leben in Banja Luka auf. Mein Vater war kurz davor, sich den Traum vom Profifußball zu erfüllen, parallel dazu ernährte er durch seine Arbeit als Lotse bei der Eisenbahn von Banja Luka seine kleine Familie. Dann kam der Krieg – und mit dem Krieg die Flucht. Meine Eltern fassten den Mut, alles aufzugeben, was sie sich mühsam aufgebaut hatten, und ihr Schicksal in die eigene Hand zu nehmen. Wir suchten und fanden Asyl in Deutschland und der Kreislauf begann von vorn.

Heute, mehr als 20 Jahre später, leben Zeljko und Svjetlana nicht mehr auf der Flucht. Sie haben sich in New York City ein neues Leben aufgebaut. Mein Vater hat sich seinen Traum erfüllt, wenn auch nicht ganz so, wie er ihn sich damals als kleiner Junge ausgemalt hatte. Für einen Profifußballer ist er mittlerweile zu alt, doch als Trainer hat er tagtäglich mit dem schönsten Sport der Welt zu tun und lehrt ihn an Schulen und in Vereinen. Er muss nicht mehr zum Training laufen, er kann hinfahren. Mit seinem eigenen Auto. Meine Mutter hat in New York ihr Architektur-Diplom gemacht und sich in nachhaltigem Design fortbilden lassen. Sie arbeitet inzwischen in einer denkmalgeschützten Notrufzentrale im New Yorker Stadtteil Bronx.

Vieles in unserem Leben hat sich verändert seit dem Tag, als wir aus Angst vor dem Krieg aufbrachen. Wir sind älter geworden, leben an unterschiedlichen Orten der Welt und müssen uns keine Sorgen mehr darüber machen, was der nächste Morgen bringt.

Eine Sache aber hat sich nicht verändert: unsere Einstellung zum Leben. Es gibt Menschen, die Problemen ausweichen oder vor ihnen kapitulieren. Und es gibt Menschen – und dazu zählt meine Familie –, die sich Problemen stellen, egal wie groß sie auch sein mögen. Diese Energie ist unbezahlbar – und nicht aufzuhalten, wenn sich nur genug Menschen mit der gleichen Einstellung zusammenschließen.

Denn auch das hat unsere Geschichte gezeigt: Kämpft man ohne Hilfe, allein aus eigener Kraft, dann wird man auf Hindernisse stoßen, die kaum zu überwinden sind. Mit gegenseitiger Hilfe aber ist alles möglich. Aus Partnerschaften entstehen beeindruckende Dinge. Man muss sich nur trauen, diese Bündnisse zu schließen.

Für mich und meine Entwicklung war der Sport von Beginn an elementar. Als wir nach Deutschland geflohen waren, knüpfte mein Vater über den Fußball schnell Kontakte in unserer neuen Heimat Schömberg im Schwarzwald. Er ging von Haustür zu Haustür, klingelte überall, um zu fragen, ob jemand eventuell einen Job für ihn oder meine Mutter hatte. Meine Eltern taten alles dafür, dass meine Schwester Natalja und ich halbwegs so aufwachsen konnten wie unsere Kindergartenfreunde. Und die Unterstützung, die wir von den Menschen in Schömberg erhielten, war unbezahlbar. Wir fühlten uns schnell heimisch, schlossen Kontakte und integrierten uns in das Leben der Gemeinde. Und wir arbeiteten hart, im Beruf und in der Schule, um durch unseren Fleiß und unser Engagement herauszuragen und unsere Situation zu verbessern.

Immer wenn die Zeit es erlaubte, fand man mich damals auf dem Fußballplatz. Ich hatte mich schnell in diesen Sport verliebt. Über ihn fand ich Freunde und so etwas wie eine persönliche Erfüllung. Das vergrößerte meine Faszination für den Fußball nur noch mehr. Dank ihm waren wir in Deutschland angekommen. Wir lebten zwar nicht in einem großen Haus oder einer großen Wohnung. Aber wir hatten alles, was wir zum Leben benötigten – und fühlten uns sicher. Ein unbezahlbares Gefühl.

Gleichzeitig vergaßen wir nie, wo wir herkamen. Der Krieg in Jugoslawien blieb in unseren Köpfen. Zumal meine Eltern die Einzigen aus ihren Familien waren, die in Sicherheit waren und Geld verdienten. Sie investierten alles, um ihren daheimgebliebenen Familienmitgliedern zu helfen. Sie nahmen mehrere Jobs an, sparten, was sie nur konnten. Von der Ersparnis kauften sie Nahrungsmittel und Medizin und schickten sie in die Heimat. Diese Hilfe aus dem Ausland war oft die Einzige, die damals die Menschen in Jugoslawien erreichte. Nach und nach allerdings wuchs auch in Deutschland die Hilfsbereitschaft – gefördert durch die Integration der Menschen, die aus Jugoslawien geflohen waren. Aus losen Bekanntschaften entwickelten sich echte Freundschaften, die in hohem sozialen Engagement mündeten.

Doch nach zehn Jahren folgte der nächste Bruch in unserem Leben. Wir mussten Deutschland verlassen.

Ein Weg zurück nach Bosnien war möglich, doch wir wollten es woanders versuchen. Über die amerikanische Botschaft bewarben wir uns für einen Aufenthalt in den USA und hatten Glück im Unglück. Wir durften einreisen – und der Kreislauf ging von vorne los.

Wie schon in Deutschland starteten wir bei null; die beruflichen Kompetenzen meiner Eltern wurden weder anerkannt noch gefördert. Erneut war viel harte Arbeit nötig, um unsere Situation zu verbessern. Die Hilfe einiger weniger, aber sehr engagierter Mitbürger half uns dabei, Fuß zu fassen. Wir beschwerten uns nicht, schämten uns auch nicht für unser einfaches Leben. Wir schauten nur nach vorne.

Natürlich begleitete mich die Liebe zum Fußball auch in die USA. Schon allein aufgrund der Biografie meines Vaters gehörte der Sport ja von Anfang an zu meinem Leben. Als ich dann in einem Park in Bradenton/Florida beim Kicken von einem Mitarbeiter des US-Verbands entdeckt wurde, nahm mein Leben eine abrupte Wendung zum Positiven. Ich wurde in die Jugend-Nationalmannschaft der USA berufen, nahm an einer Junioren-WM teil und wurde daraufhin im Alter von 17 Jahren zum Probetraining beim FSV Mainz 05 eingeladen.

Wenig später wurde ich Profifußballer und wechselte 2008 zu Borussia Dortmund, einem der größten und populärsten Clubs in Deutschland. Ich wurde dort Nationalspieler, Deutscher Meister und Pokalsieger und stand im Finale der Champions League. Es ging alles so schnell.

Doch zwei Dinge habe ich in all den Jahren bis heute nie vergessen: meine Herkunft und die Mentalität, die mir meine Eltern mitgegeben haben.

Als ich mit 17 zurück nach Deutschland kam, war aus dem kleinen Jungen bereits ein junger Mann geworden, der seinem Lebenstraum folgte. Als Fußballer hatte ich in Mainz schnell einen Vorbildstatus inne. Die Kinder und Jugendlichen der Stadt schauten zu uns herauf, und der Verein gab sich große Mühe, dass wir auch tatsächlich vorbildlich lebten. Über den Club bekam ich die Möglichkeit angeboten, mich für eine Einrichtung zu engagieren, in der Kinder lebten, die ohne ihre Eltern aufwachsen mussten. Ich nahm die Einladung an und lernte in der Folgezeit nicht nur viele wundervolle Kinder kennen, denen das Schicksal übel mitgespielt hatte, sondern auch ein Stück weit mich selbst. Es war der Startschuss zu einer persönlichen, selbstreflektierenden Entdeckungsreise.

Die Kinder in der Einrichtung waren die Leidtragenden einer Situation, für die sie nichts konnten. Und ich konnte ihnen ein Stück weit helfen, sich zu entfalten. Ich besuchte sie einmal in der Woche, schenkte ihnen Aufmerksamkeit, kickte mit ihnen oder aß mit ihnen und den Sozialarbeitern der Einrichtung zu Abend. Es war fast wie in einer normalen Familie – nur dass die Kinder dort deutlich mehr „Eltern" und „Geschwister" hatten.

Schon in dieser frühen Phase meiner Profikarriere wuchs in mir der Entschluss, meine Privilegien und meine Popularität dazu zu nutzen, um Kindern zu helfen, die weniger Glück hatten als ich. Nach meinem Wechsel zum BVB engagierte ich mich beispielsweise für den Verein „Kinderlachen" oder die Projekte „Grünbau" und „Buntkicktgut". Im Jahr 2012 dann gründete ich schließlich die Neven-Subotic-Stiftung, um noch stärker helfen zu können und aktiv die Aufmerksamkeit der Menschen auf die wirklich wichtigen Dinge des Lebens zu lenken.

Und auch für die Zeit nach meiner aktiven Fußballerkarriere habe ich bereits Pläne. Ich möchte mich später professionell damit befassen, aus Sportlern echte Vorbilder für die Gesellschaft zu machen. Es liegt so viel

Potenzial darin, das noch lange nicht ausgeschöpft ist. Daran etwas zu ändern, das würde ich gerne zu meiner Aufgabe machen.

Kapitel 2 – Meine Stiftung

Durch die Gründung der Neven-Subotic-Stiftung habe ich meinen Fokus im Jahr 2012 erweitert. Anders als in Mainz oder zunächst in Dortmund ist mein Engagement jetzt nicht mehr lokal beschränkt, sondern global ausgerichtet. Ich habe mir damals die „Ein-Euro-Frage" gestellt: Wenn ich nur einen Euro hätte, wie würde ich ihn einsetzen? Und ich habe sie mir so beantwortet, dass ich ihn da einsetzen möchte, wo er am nötigsten gebraucht wird. Ganz bewusst setzen wir uns deshalb mit der Stiftung in den ärmsten Regionen dieser Welt ein, um dort die globalen Ungerechtigkeiten zu bekämpfen und vor allem die Rechte von Kindern zu realisieren. Denn oft bestehen sie nur auf dem Papier, nicht aber in der Realität. Ich nutze die Popularität, die ich durch meine Erfolge als Fußballer erlangt habe, um daran etwas zu ändern. So ist der Name der Neven-Subotic-Stiftung zwar auf den ersten Blick nicht sonderlich kreativ, aber er hilft dabei, die Leute aufmerksam zu machen und so für die globale Wasserproblematik zu sensibilisieren.

Denn es ist doch so: In unserer Gesellschaft sind es heutzutage oftmals Sportler – insbesondere auch Fußballer –, die als Leitbild für die nachwachsenden Generationen dienen. Überall auf der Welt laufen kleine Jungs – und mehr und mehr auch Mädchen – in Fußballshirts herum, auf deren Rücken Namen wie „Messi", „Cristiano Ronaldo" oder „Neymar" aufgedruckt sind. Sie sind Vorbilder, und das längst nicht nur aufs Sportliche bezogen. Jeder Schritt, den sie tätigen, wird registriert – und nachgeahmt. Seien es die Frisuren, die Tätowierungen oder die Art, wie Cristiano Ronaldo Freistöße schießt. Allein daran wird deutlich, wie viel soziales Potenzial in der exponierten Stellung von Sportstars steckt. Ich stelle mal eine These auf: Würden sich mehr Kinder, Jugendliche und auch Erwachsene sozial engagieren, wenn die größten Sportstars dieser Welt es ihnen über ihre Social-Media-Kanäle jeden Tag vormachen würden? Ich bin fest davon überzeugt!

Doch zurück zur Neven-Subotic-Stiftung. Der Schwerpunkt unserer Arbeit liegt auf der globalen Wasserkrise, die täglich viele Opfer fordert. Man muss sich die Zahlen nur einmal vor Augen führen: 663 Millionen Menschen haben weltweit keinen Zugang zu sauberem Trinkwasser. Jeden Tag sterben allein 2.000 Kinder aufgrund von verunreinigtem Wasser oder fehlender Hygiene- und Sanitäreinrichtungen. Zweitausend. Jeden Tag. Das sind rund 40 Schulbusladungen voll. Kein Krieg unserer Zeit fordert aktuell mehr Opfer. Dabei wäre der Tod dieser Kinder vermeidbar. Denn sie sterben an Krankheiten, die in anderen Teilen der Welt längst heilbar sind.

Unser Ziel ist es, den Kindern in diesen Regionen zu dienen, indem wir Seite an Seite mit ihnen für Gerechtigkeit kämpfen und ihnen dabei helfen, Zugang zu sauberem Wasser und Sanitäranlagen zu bekommen. Es geht uns nicht darum, als Weltverbesserer aufzutreten und Projekte zu verwirklichen, die zwar öffentlichkeitswirksam sind, aber eben oft auch wenig nachhaltig. Unsere Arbeit ist sozial und nachhaltig angelegt – und sie ist im besten Sinne simpel. Nur so ist es meiner Meinung nach möglich, dass die Menschen, denen die Projekte zugutekommen sollen, einen Bezug dazu und Eigenverantwortung entwickeln können.

Mit unseren Spenden unterstützen wir nicht nur den Bau von Brunnen an Schulen, sondern auch den von Toiletten und Tap-Stands, die zum Händewaschen dienen. Und wir helfen dabei, lokale Teams aufzubauen, sogenannte WASH-Committees und WASH-Clubs, die sich um die Wartung der Anlagen kümmern und ihre Mitmenschen darüber aufklären, wie man sie richtig und nachhaltig benutzt. Für uns sind diese Dinge selbstverständlich, für die Kinder in Äthiopien zum Beispiel machen sie allerdings einen großen Unterschied aus. In ländlichen Regionen müssen Frauen und Kinder durchschnittlich sechs Kilometer laufen, um einen 20-Liter-Kanister mit Wasser zu befüllen. Viel zu oft ist dieses Wasser nicht einmal sauber, sondern verdreckt und keimbelastet. Die Menschen füllen ihre Kanister in Seen, Flüssen und Bächen, die zugleich Tieren als Trinkwasserquelle dienen und die auch zum Müll- und Fäkalienentsorgen sowie zum Wäschewaschen verwendet werden. Es ist ein krasses Bild, das sich den Menschen bietet, die im technisch modernen Europa aufgewachsen sind. Für die Menschen in den ärmsten Regionen dieser Welt ist es allerdings der Alltag. Sie haben keine Wahl. Sie können sich nicht im Supermarkt sauberes Trinkwasser aus den französischen Alpen oder von den Fidschi-Inseln kaufen oder aus dem hauseigenen Hahn nahezu unbegrenztes, mehrfach industriell gefiltertes Wasser abfüllen.

Auf mehreren Reisen konnten meine Stiftungsmitarbeiter und ich uns selbst ein Bild von den Begebenheiten vor Ort machen. Wir waren in Mosambik und in Äthiopien und konnten dort mit eigenen Augen sehen, wie eine Mutter ihren Säugling mit verdrecktem Wasser fütterte, das sie zuvor aus einer kleinen Pfütze am Grund eines ausgetrockneten Flusses geschöpft hatte. Es war ihre einzige Möglichkeit, ihrem Kind überhaupt Wasser zu geben. Die Frau verbrachte ihren halben Tag allein damit, nach Wasser zu suchen – und dann war es auch noch verunreinigt und machte ihr Kind mit hoher Wahrscheinlichkeit krank. Diese Zustände wollen wir mit der Neven-Subotic-Stiftung verbessern. Stück für Stück. So wie es mich meine Eltern gelehrt haben.

Bis heute haben wir insgesamt rund 1,2 Millionen Euro an Spenden von über 4.000 Unterstützern gesammelt und damit 62 Projekte auf den Weg gebracht. Die Spenden werden zu 100 Prozent für unsere Projekte aufgewendet, die Verwaltungskosten trage ich. Wir haben inzwischen sieben feste Mitarbeiter und Dutzende Volunteers, die die Stiftung mit ihrem Know-how und ihrem Einsatz unterstützen. In 18 Gemeinden und an 44 Schulen haben wir bislang Brunnen und Sanitäranlagen bauen lassen und dort WASH-Crews geschult. Jeder dieser Brunnen versorgt rund 300 Menschen jahrelang mit sauberem Trinkwasser – und führt dazu, dass die Zahl der Schülerinnen und Schüler an den Schulen der Gemeinden bereits im Folgejahr um durchschnittlich 44 Prozent gestiegen ist.

In den Regionen, in den wir unsere Projekte realisieren konnten, sind die Zeiten vorbei, in denen die Frauen und Kinder stundenlang nach Wasser suchen und es anschließend in schweren Kanistern nach Hause tragen mussten. Heute können sie diese Zeit sinnvoll nutzen, um sich fortzubilden. Und sie müssen sich auch keine Sorgen mehr darüber machen, dass das Wasser sie oder ihre Familie krank machen könnte. Es ist ein starker Unterschied zum Leben davor.

Fakt aber ist, dass für uns der Kampf gegen Ungerechtigkeit weitergeht.

Um die investierten Gelder nachhaltig einzusetzen, ist es unser Anspruch, die Langfristigkeit unserer Projekte zu sichern. Ein fertiger Brunnen oder installierte Toiletten sind wundervoll und bringen für die Menschen, die davon profitieren, erhebliche Verbesserungen in ihrer Lebensqualität und bei ihren Chancen auf Fortschritt und Bildung. Doch wirksam ist all das nur, wenn sie täglich einen Nutzen daraus ziehen können – nicht nur eine Zeitlang. Sobald ein fertiggestelltes Brunnensystem bereits nach kurzer Zeit kaputt gehen würde, hätten wir unser Ziel verfehlt. Es wäre für uns – ganz deutlich gesagt – ein Desaster, das es unbedingt zu vermeiden gilt.

Die Lösung liegt in dezentralen Systemen, die die Verantwortung auf den Nutzer übertragen, ihn so mit ins Boot holen. Leider ist die internationale Entwicklungszusammenarbeit noch immer stark geprägt von Projekten, die den Nutzern aufgezwungen werden. Sie werden realisiert und als Erfolg verbucht; anschließend kümmert sich allerdings niemand mehr darum, ob sie auch nachhaltig wirksam sind. Erst langsam kommt der spannende Aspekt der Miteinbeziehung der Menschen vor Ort in der Entwicklungsarbeit an – dabei ist er entscheidend für eine gelungene Zusammenarbeit. Denn nur so kann gewährleistet werden, dass ein Projekt über Jahre funktioniert und im Schadensfall leicht repariert werden kann.

Sogenannte PIMS (Post-Implementation Monitoring Systems) sind für uns in Europa selbstverständlich. Geht unsere Waschmaschine kaputt, wissen wir, an wen wir uns wenden müssen, um sie reparieren zu lassen. Und derjenige wiederum weiß, wo er die Ersatzteile herbekommt. In den Regionen, in denen wir unsere Projekte realisieren, gibt es allerdings in der Regel keine Strukturen, die die Infrastruktur und das Know-how für den nachhaltigen Betrieb eines Brunnens oder einer Sanitäranlage gewährleisten könnten. Wir wollen die Gemeinschaften darin bestärken, Bündnisse zu knüpfen und auf diese Weise selbst Strukturen und dadurch PIMS aufzubauen. Ein Beispiel: Geht ohne diese Strukturen ein Teil des Brunnens kaputt, ist eine Reparatur nur schwer zu realisieren, weil Ansprechpartner und Ersatzteile fehlen. Gibt es allerdings eine funktionierende Infrastruktur, ist es ein Leichtes, das Problem zu beheben und den Brunnen wieder einsatzfähig zu machen. Auch ohne Unterstützung von außen.

Ein weiteres Pilotprojekt, an dem wir beteiligt sind, sorgt für die Installierung von Sensoren an den Pumpen, die in die Brunnen eingebaut werden. Sie versenden regelmäßig Kurznachrichten an eine zentrale Stelle, in denen sie ihren Output mitteilen. Fallen die Zahlen unter eine zuvor festgesetzte Marke, werden vor Ort Reparaturen veranlasst – allerdings nur dann, wenn zuvor Versicherungsgelder eingezahlt wurden. Durch diese Strukturen lässt sich die Wichtigkeit von Bündnissen und einer guten Zusammenarbeit betonen und fester in der Gesellschaft verankern. Ein wichtiger Schritt für eine nachhaltige Nutzung.

Kapitel 3 – Mein Wunsch

Für mich steht außer Frage, dass ich mein Engagement in den kommenden Jahren fortführen werde. Wir haben mit der Neven-Subotic-Stiftung zwar schon viele Menschen auf ihrem Weg in eine bessere Zukunft unterstützen können, doch es gibt noch viel zu tun. Der Berg ist noch lange nicht abgetragen. Stein für Stein werden wir weiter daran arbeiten.

Mein großer Wunsch für die Zukunft ist es, dass meine Geschichte kein Einzelfall bleibt. Ich möchte andere Sportler ermutigen, ihre exponierte Stellung in der Gesellschaft zu nutzen, um etwas Nachhaltiges zu erschaffen und dadurch die Welt ein Stück besser zu machen. Und ich möchte Politiker ermuntern, gezielt die Zusammenarbeit mit Sportlern und Sportvereinen zu fördern. Politiker kennen durch ihre tägliche Arbeit Organisationen, die – lokal oder global – in verschiedensten Projekten Hilfe leisten. Genau diese Informationen sind für Sportler häufig nur schwer zu bekommen; die Sorge bei vielen ist groß, an unseriöse Partner zu gelangen. Ein geplantes Engagement wird so nicht selten im Keim erstickt. Die Politik könnte an dieser Stelle als Vermittler dienen, der Sportler mit geeigneten Partnern in Verbindung bringt.

Mein Appell lautet daher: Lasst uns gemeinsam das Potenzial heben, das in der Popularität der Sportler in unserer Gesellschaft verborgen liegt. Es gibt noch so viel zu tun. Packen wir es an!

DIE AUTORINNEN UND AUTOREN

Gerhard Schröder, Bundeskanzler a. D.
Norbert Neuser, MdEP, Entwicklungspolitischer Sprecher der sozialdemokratischen Fraktion im Europäischen Parlament
Schwester Dr. Lea Ackermann, Gründerin und Vorsitzende von SOLWODI (SOLidarity with WOmen in DIstress)
Dr. Christoph Beier, Deutsche Gesellschaft für Internationale Zusammenarbeit GmbH (GIZ)
Ferhat Cato, Gewerkschafter und Autor
Walter Desch, Präsident des Fußballverbandes Rheinland (FVR)
Malu Dreyer, Ministerpräsidentin das Landes Rheinland-Pfalz
Reinhard Grindel, Präsident des Deutschen Fußballbundes (DFB)
Willi Lemke, Sonderberater für Sport im Dienst von Entwicklung und Frieden für den Generalsekretär der Vereinten Nationen
Louis Michel, Co-Präsident der AKP-EU Joint Parliamentary Assembly, ehemaliger EU-Kommissar für Entwicklung
Neven Mimica, EU-Kommissar für Entwicklungszusammenarbeit
Dr. Gerd Müller, Bundesminister für wirtschaftliche Zusammenarbeit und Entwicklung
Torben Oberhellmann, Vorstandsvorsitzender Titus Dittmann Stiftung / skate-aid e.V., M. A. Soziale Arbeit
Martin Schulz, ehemaliger Präsident des Europäischen Parlaments und Parteivorsitzender der SPD
Neven Subotic, Deutscher Fußballmeister 2011 und 2012 mit Borussia Dortmund, mehrfacher serbischer Nationalspieler, Gründer der Neven-Subotic-Stiftung